Comment je suis arrivé jusqu'à moi

Et si on se libérait de tout ce qui nous empêche d'avancer ?

Maud Bettina-Marie
Keyvan Khojandi

Illustrations de Mrs Masch

FIRST
ÉDITIONS

ISBN : 978-2-412-08100-6
Dépôt légal : septembre 2022
Imprimé en Espagne par Egedsa

Photo de couverture : © Thomas O'Brien
Photos : p. 15 © Cindy Gibier, p. 16 © Journal l'Union
Mise en pages : Claude Combacau
Illustrations : Mrs Masch sauf p.38, © istock / the noun project
Direction artistique : Lisa Magano-Benziane
Préparation : Emmanuelle Fernandez
Correction : Anne-Lise Martin
Accompagnement éditorial : Hélène Boursin

Éditions First, un département d'Édi8
92, avenue de France
75 013 Paris – France
Tél. : 01 44 16 09 00
Fax : 01 44 16 09 01
E-mail : firstinfo@efirst.com
Site Internet : www.editionsfirst.fr

FSC
www.fsc.org
MIXTE
Papier issu de sources responsables
FSC® C003309

« Y a toujours
une mélodie pour
des jours meilleurs »

Elon Musk.

Nan, pardon, c'est la Compagnie créole.

*« J'adore
la Compagnie
créole. »*

Carl Gustav Jung.

Préface

Pour te faciliter la lecture de ce livre écrit à quatre mains, nous avons chacun notre code couleur : les textes écrits par Maud sont en vert opalin et ceux de Keyvan sont en bleu cobalt.

En gros, on est en vert et en bleu.

Voilà. Et c'était la préface la plus nulle du monde.

Pourquoi un livre ?

Ma vie n'a pas commencé de manière très ordinaire. Je suis né à Reims, dans l'est de la France. Jusque-là, rien d'extraordinaire. Trois semaines après ma naissance, mes parents et moi sommes allés vivre à Ispahan en Iran. Le voilà le côté moins ordinaire.

La vie aurait probablement dû être un long fleuve tranquille si les évènements politiques du début des années 1980 en Iran n'en avaient pas décidé autrement. Faut pas grand-chose pour foutre le bordel dans ta vie alors que tout était censé bien se dérouler : tu prends une bonne révolution islamique, un père contraint de fuir clandestinement son pays en laissant derrière lui tous ses rêves et une partie de lui-même, une mère forcée de retourner vivre avec son enfant dans l'enfer des profondeurs (aka chez sa propre mère) à Reims – quartier de l'Europe – dans un contexte sociétal bien pourri et un tantinet raciste, faut bien l'avouer. La France populaire des années 1980 qui te fait sentir que t'es pas le bienvenu et que tu vas galérer pour t'intégrer. Et au milieu de tout ça, y'avait moi, et peu après, y'a eu mon frère.

Je peux affirmer aujourd'hui que j'ai eu la chance de grandir avec des parents qui ont toujours su subvenir à nos besoins en dépit des difficultés de la vie. Mais je peux également témoigner que j'ai grandi auprès d'un homme et d'une femme qui portaient en eux les blessures et les séquelles de leurs histoires respectives. Ils ont réussi à me transmettre aussi bien de belles valeurs qu'un bon paquet de choses qui ne m'appartenaient pas. Les angoisses, les boucles de pensées négatives, cette non-estime pour moi…, je les connais par cœur.

Et tu fais quoi quand c'est le bordel dans ta tête mais que tu veux faire des études ? Bah, tu t'inscris en psycho et t'essaies de trouver des réponses ! Six années et un diplôme d'État plus tard, tu sors de là, gonflé à bloc, croyant que t'as tout compris à l'humain et à la vie alors que t'as juste deux ou trois repères qui te permettent de naviguer un poil plus sereinement dans les eaux troubles de ton existence. Par contre, j'étais désormais habilité à accompagner d'autres humains à essayer d'y voir un peu plus clair. Et c'est ce que j'ai eu le privilège de faire pendant plusieurs années. J'ai profondément aimé (et j'aime toujours) accompagner les autres.

Près de vingt ans après ma sortie de la fac, me voilà devant mon ordinateur à écrire ces quelques lignes. Mais ce n'est pas l'ancien psy qui écrit, c'est l'homme – sexy, faut bien le dire – toujours en quête de plus de liberté et de paix intérieure qui, en dépit des trucs qu'on a pu lui mettre dans la tête et d'un dialogue intérieur négatif, a beaucoup travaillé sur lui et a commencé à trouver le chemin de la résilience.

Tu m'as perdue à « sexy ».

Sur ce chemin sinueux mais libérateur, j'ai beaucoup lu. J'ai expérimenté bon nombre de méthodes différentes, de la psychanalyse lacanienne au « Miracle Morning » en passant par la méditation.

Chacune d'elles a été source d'enrichissement personnel et spirituel et certaines d'entre elles continuent de l'être au quotidien. Chacune de ces routes m'a permis de m'élever un peu plus au-delà de mes conditionnements, de comprendre qu'il n'y a pas de fatalité dans la vie, que rien n'est jamais gravé dans le marbre, surtout pas le négatif. Et que le changement n'a pas besoin d'être radical mais qu'il commence souvent dans les petites choses de la vie.

Pour ma part, pas d'Ispahan. Dunkerque. Ouais, ça paraît moins séduisant dit comme ça.

Je suis née dans une famille « normale », une famille très modeste dans mes premières années de vie, devenue ensuite une famille de la « classe moyenne » comme on dit.

Avec des parents normaux qui ont eu des métiers normaux : commerçants puis technico-commercial d'un côté et assistante maternelle de l'autre.

Des parents avec leurs qualités, leurs défauts, leurs angoisses, leurs principes, leur passé. Ils m'ont appris des choses, j'en ai appris d'autres seule. Toutes les peurs, croyances limitantes, anticipations négatives, manque d'estime de moi, peur du regard de l'autre, etc., je les ai connus aussi. Et un jour, j'ai décidé qu'il était temps de ne plus me laisser bouffer par tout ça. Un évènement en particulier (raconté au chapitre 1) m'a ouvert les yeux, m'a menée à l'éveil, m'a menée jusqu'à moi. Le chemin est loin d'être terminé, mais le principal, c'est que j'ai emprunté le bon.

Je ne suis ni conférencière, ni coach de vie, ni thérapeute, ni professionnelle de la santé. Je ne suis pas spécialiste en développement personnel ou en relations humaines. Je suis juste une fille qui a vécu des choses cool et d'autres pas très cool mais qui en est sortie grandie, apaisée, reconnaissante.

Je suis une fille qui a pris la décision de ne plus se laisser déborder par son ego. Car je suis intimement convaincue qu'il s'agit d'un choix. Que ça se décide.

J'ai suivi des thérapies, j'ai rencontré aussi bien des psychanalystes que des énergéticiens. J'ai lu, vu, entendu des centaines de choses. J'ai démêlé au fur et à mesure toutes les informations. J'ai fait le tri entre ce que je ne comprenais pas, ce qui m'aidait ou ce qui me faisait culpabiliser.

Ce livre n'est pas un programme, c'est un témoignage. Ce n'est pas une injonction au bonheur, c'est un partage.

C'est un ami qui vient te dire : « J'ai connu la même chose et j'ai fait ça. Et après je me suis sentie mieux. Essaie, tu verras bien ! » Le livre aurait pu s'appeler *Liste non exhaustive des trucs que je fais au quotidien et qui m'aident vachement*. Libre à toi de faire ce que tu veux de tout ce que tu liras. Mais si tu as ce livre entre les mains, c'est qu'il y a déjà une décision qui a été prise.

L'heure est donc venue de te tendre une clé Pitié, pas ce cliché… et de t'inviter, quand tu le décideras, à pousser la porte. Ils vont surtout fermer le livre avec tes phrases à la con.

De l'importance de rajouter une touche d'humour

Que ce soit dans les livres ou en thérapie, le « travail sur soi » est rarement, mais alors très rarement, abordé avec humour et recul. C'est tout le temps suuuuuuper sérieux. Et c'est dommage ! Car ajouter de la légèreté et de l'humour à tout ça nous a grandement aidés. C'est le fameux « faire quelque chose de sérieux sans se prendre au sérieux ». Ça n'empêche pas la sincérité, ça n'empêche pas la compréhension, ça n'empêche surtout pas d'avancer et en plus, ça adoucit considérablement le travail.

Dans le mot ENJEU, il y a JEU. On va ajouter ça : du jeu. Tout ceci n'est qu'un jeu. D'ailleurs, est-ce que la vie ne serait pas qu'un jeu ?

Attention, ça redevient chiant.

ENJEU = EN - JEU

positiveclem Moi, pour me sentir bien, je me lève à 4 h du mat' tous les jours. Je commence par une cérémonie du thé matcha, j'enchaîne avec 18 salutations au soleil, 79 affirmations positives que je répète en français, croate et grec ancien. Je termine par 3 heures 50 de yoga et quelques baies de goji. Namasté.

Voilà. Voilà tout ce qu'on déteste. Voilà ce qui nous fait fuir. Voilà ce qui représente l'inverse de ce qu'on évoquait juste avant, à savoir la légèreté, l'humour...

Durant nos parcours respectifs, on a vu, entendu, lu des centaines de fois ce genre d'injonctions qui te font croire que si tu ne suis pas ces conseils à la lettre, autrement dit, si tu ne deviens pas cette personne sur la photo, tu n'arriveras jamais à rien. Ces injonctions qui, de fait, te font culpabiliser. Instagram est LA porte ouverte Number One à ces conneries.

« Si tu te lèves pas à 4h du mat, t'es qu'une merde ! »

« Les 158 habitudes à mettre en place pour réussir. »

« Achète mon programme, réfléchis et rends moi riche ! »

Moi, Léo, 18 ans, multimillionnaire de père en fils et coach de vie depuis 2 minutes 30 !

« Deviens qui je suis ! »

Non, tu n'es pas obligé de te lever avec le soleil. Tu n'es pas obligé d'acheter un van et de partir à l'autre bout du monde. Tu n'es pas non plus obligé de monter un e-business.

Benjamin Franklin disait : « L'avenir appartient à ceux qui se lèvent tôt. » L'avenir appartient surtout à ceux qui se lèvent. Point. Il appartient même à ceux qui, parfois, n'ont pas envie de se lever et flemmardent au lit. L'avenir appartient à celle ou celui qui le décide. Ton avenir t'appartient.

C'est beau, on dirait du Calogero.

On confie ici plusieurs « outils », « conseils », « trucs qui nous aident sur tous les plans » et qu'on utilise quotidiennement. Enfin, je devrais plutôt dire régulièrement, parce qu'il est évident qu'on n'utilise pas touuuuus les outils les uns à la suite des autres entre 6 h et 6 h 38 quand le soleil est sous Scorpion (j'y connais rien, je dis n'importe quoi).

Chacun et chacune est libre de prendre ce qu'il ou elle a envie de prendre. Tu peux les appliquer, puis arrêter, puis en faire un seul, puis y revenir plus tard, bref : tu.fais.ce.que. tu.veux. Tout ceci doit rester un jeu. Le but, c'est de se sentir bien. Rien de plus.

Ce premier pas vers moi…

Au cours de ma vie, beaucoup d'évènements ont modifié ma façon de percevoir le monde et moi-même. Mais un évènement m'a particulièrement marquée. Un évènement qui a ouvert la voie à une véritable prise de conscience. Je ne vais pas trop loin en affirmant qu'il a changé ma vie.

Un évènement qui devait être heureux…

Nous sommes en juillet 2017 quand j'apprends qu'un petit être est venu se nicher au creux de mon ventre. Durant près de trois mois, je ne suis que joie. Et nausées. Et sautes d'humeur. Salut les hormones ! Mais surtout joie, une joie que je n'avais jamais connue auparavant. Près de trois mois à me projeter, à m'attacher, à lui parler, à l'aimer.

Fin septembre 2017, le jour de la fameuse échographie des trois mois arrive. Et ce jour qui devait être un des plus beaux de ma vie est devenu l'un des pires lorsque la sage-femme nous a annoncé : « Je suis désolée, mais il n'y a pas d'activité cardiaque. » Je n'ai pas compris ce qu'elle me disait jusqu'à ce qu'elle prononce le mot « fausse couche ». Je n'évoquerai pas ici la violence de l'expulsion qui s'est transformée en hémorragie. Mais je peux aborder la violence avec laquelle j'ai vécu cet évènement traumatisant. Anéantissement, tristesse infinie, incompréhension, culpabilité, injustice, colère...

Un traumatisme… Ce mot, j'ai mis plusieurs mois avant de le prononcer. Avant ça, j'ai bien suivi la première étape du deuil toute seule comme une grande : une belle phase de déni. J'avais l'impression d'avoir signé un contrat avec moi-même.

Quelle naïve j'étais ! Je ne pensais pas qu'on puisse être aussi triste d'avoir perdu quelqu'un qu'on ne connaissait pas, qu'on n'a jamais tenu dans ses bras. Je ne pensais pas que la perte de ce petit, tout petit être, me bouleverserait à ce point. Oui, parce que je n'arrivais pas à me l'avouer, mais je venais bien de perdre un petit être, pas un amas de cellules.

Au bout de quelque temps, je me suis rendu compte que je faisais semblant d'aller bien, et quand je suis arrivée au bout (à bout), j'ai décidé d'entamer ce qu'on appelle communément un « travail sur soi ». Je n'aime pas ce terme mais, soit, partons là-dessus.

Dans un premier temps, je me suis tournée vers la psychothérapie que j'ai entamée en janvier 2018. Il m'aura donc fallu quelques mois avant d'avouer, ou plutôt de m'avouer, mon mal-être. Plus la thérapie avançait et plus j'ouvrais les yeux sur ma vie de manière plus globale. J'ai retiré les mouchoirs que j'avais déposés sur mes blessures, j'ai levé le voile pour affronter mes angoisses, j'ai compris des tas de choses. La vie a mis sur mon chemin d'autres personnes très bienveillantes : des sophrologues, des hypnothérapeutes, des psychanalystes transgénérationnels, et même un chaman. Personne ne m'a miraculeusement guérie (puisque la seule personne qui peut totalement me guérir, c'est moi). Mais ils m'ont tous apporté quelque chose – une réponse, un message ou même une phrase – qui m'a énormément marquée.

Je n'ai pas cessé de « travailler sur moi » depuis. Et j'apprends, encore et toujours.

Malgré les autres évènements de ma vie, cette fausse couche – ou grossesse arrêtée, pour être plus correcte – a été mon plus grand déclencheur. Elle a éclairé mon chemin et aujourd'hui, je la remercie.

Petit spoiler : après l'ombre, il y a eu la lumière. Un petit soleil nommé « Milo ».

Un père pas comme les autres

On dirait le titre d'une vieille pièce de théâtre ringarde.

Tu permets ? C'est MA pièce de théâtre ringarde !
À la manière du « *show, don't tell* »[1] utilisé dans les (bons) films, je trouve qu'une image vaut plus que des mots… enfin que des maux.

Ça commence déjà les jeux de mots ?

Jeux de maux…

Pour mieux vous parler de ce qui a commencé à changer ma perception du monde et de moi-même, laissez-moi vous montrer cette photo…

Oups ! Excusez-moi, c'est pas celle-là ! *My bad.*
Tout ça pour montrer son biceps…

1. En français, « montre-le, ne l'explique pas ».

Voilà, celle-là, c'est la bonne.

Cette photo prise pour un journal local rémois résume tellement bien ma vie au début des années 2000. Y'a tout dessus. Absolument tout. Tu vois bien, j'imagine ? Non ?

Ok, je vais t'expliquer mais avant, laisse-moi te conter une petite anecdote éloquente…

Quand j'étais petit, je faisais un rêve récurrent : je suis dans notre jardin en Iran, au fond duquel il y avait (pour de vrai) un poulailler. Ah oui, je précise qu'il m'arrivait souvent de finir dans ce poulailler car j'étais sujet au somnambulisme ! Ne me demande pas comment un enfant d'à peine 2 ans sort de son lit à barreaux pour finir dans un poulailler, je n'en sais fichtrement rien. Mais c'est ce qu'on m'a raconté.

Bref, je rêve que je suis dans ce poulailler, tranquille, et j'assiste, innocent, à un évènement qui m'a marqué : une des poules venait de pondre des œufs (une de mes sources favorites de protéines aujourd'hui, surtout pour le petit déjeuner), et là, sans crier gare, un gros dindon s'en approche… et les écrase. Et moi, j'assiste impuissant à cette scène qui me terrifie. Je me rappelle m'être réveillé en sursaut et senti mal.

On sait que les rêves peuvent être des messages de notre inconscient. Mais quel était le message ? Qui se cache derrière le gros méchant dindon ?

Ouaaah, moi, je veux voir le film tiré de ce rêve ! Avec Liam Neeson dans le rôle du dindon !

Merci Maud. Revenons à la photo. Celle du journal, pas celle du biceps.

Nous sommes au début des années 2000. Mon père, qui a ouvert un magasin de décoration cinq ans plus tôt, décide d'en ouvrir un autre. Et qui doit s'en occuper bien sûr ? Moi.

Faut savoir qu'à l'époque, je poursuivais mes études de psychologie niveau maîtrise (ou M1 pour les plus jeunes). En parallèle, je me produisais comme guitariste-chanteur dans des cafés avec un groupe de reprises (qui s'appelait Fiestaccoustic… on ne juge pas), ce qui demandait pas mal de temps de répétitions. Déjà bien occupé, j'étais censé, en plus, tenir ce magasin à plein temps pour « aider la famille ».

Soyons clairs : m'occuper du magasin, ce n'était pas un choix mais une obligation subtilement amenée à coups de culpabilisation, « parce que tu comprends, Keyvân (prononcé à l'iranienne), j'ai quitté l'Iran pour que mes enfants aient un avenir, pas pour qu'ils aillent jouer des petites chansons dans les cafés. » Des petites chansons dans les cafés… C'est comme ça qu'il voyait mon rêve de l'époque.

Alors pourquoi cette photo ? Car la différence de posture entre mon père et moi est tellement le reflet d'une partie de notre relation : lui debout, droit, l'air sérieux (alors qu'il est en fait mal à l'aise devant un appareil photo) et moi assis, courbé mais esquissant quand même un sourire sympa (bah oui, la photo allait paraître dans le journal local, faut pas déconner non plus). Tu auras compris l'ascendant que mon père avait sur moi à cette époque-là. Je crois qu'on peut très nettement parler d'emprise, de relation toxique. Pour moi, bien entendu. Pour lui, je ne sais pas, impossible de savoir car toute tentative de discussion s'avérait complètement stérile.

Comme j'étais quelqu'un de créatif et, dans le fond, d'optimiste, j'ai fait de mon mieux pour faire marcher la boutique. Mais dès que j'avais un tantinet d'idées et d'envies pour développer ou créer de nouvelles choses, autrement dit « l'expression saine d'une pulsion de vie d'un jeune homme au début de sa vingtaine », je me faisais rembarrer direct. Pire, quand venait le moment de percevoir mon maigre salaire, rien ne se passait normalement, je devais quasiment mendier mon argent à chaque fin de mois. Sachant que j'avais moi-même un loyer à payer. Et là, c'était parti pour les grandes phrases bien culpabilisantes : « Tu vois comment t'es ? Toujours à réclamer… », « Si t'avais pas décidé de bouger de la maison, t'aurais pas eu de loyer à payer ». Bref, tout était tout le temps de ma faute.

Littéralement, je m'écrasais. Comme les œufs de la poule dans mon rêve. Ah tiens !

Et en plus, ça fonctionnait : à chaque confrontation, je repartais mal dans ma peau avec trois semaines de bonne prise de tête.

Petit à petit, j'ai senti que quelque chose n'allait pas.

Sans blague ?

Je perdais systématiquement toute estime pour moi, toute ambition à peine naissante, toute envie, et pour aller plus loin, parfois même toute érection. La voix de mon père était dans ma tête en permanence. L'enfer. Même si à ce moment-là, c'était juste… ma vie.
À cette époque, je me suis réfugié dans le cannabis, fuyant ainsi la conscience négative que j'avais de moi. Chaque fois que je devais m'exprimer artistiquement (aka mettre

mes organes en jeu, hé hé), rebelote, je souffrais de terribles angoisses et j'ai fini par mettre en place un système névrotique de défense, mieux connu sous le nom de troubles obsessionnels compulsifs ou TOC.

J'avais laissé mon père définir et façonner l'image que j'avais de moi et je ne manquais aucune occasion de lui donner raison, entretenant ainsi la dynamique masochiste dans laquelle je m'embourbais petit à petit.

Les rêves étaient de plus en plus angoissants. Les TOC aussi. Je me sentais dos au mur.

Pour m'en sortir, je n'avais pas 36 solutions :

- Lui dire ce que j'avais sur le cœur et espérer qu'il m'écoute avec empathie ? Non, on ne va pas faire ça ;
- Fuir ? Possible, mais pas tout de suite ;
- En parler à quelqu'un et commencer une thérapie ? Ouais, on va plutôt faire ça.

Étant plutôt branché psychanalyse à cette période de ma vie, j'ai choisi de me diriger vers ce genre de thérapie. Avec le recul et l'essor d'autres approches thérapeutiques, je ne sais pas si je referais le même choix aujourd'hui. Mais comme on dit souvent, l'important, c'est d'aller mieux, peu importe le chemin « thérapeutique » emprunté.

Plusieurs phrases m'ont marqué à l'époque et ont d'une certaine façon contribué au début de mon chemin vers moi.

La fois où une phrase m'a interpellé...

La première était une citation d'un de mes professeurs de psychopathologie en troisième année. Elle concernait une définition du masochisme : « Le masochiste préfère la sécurité de la misère aux misères de l'insécurité. » Voilà, vous avez 4 heures. C'est quasiment une des seules phrases que j'ai retenues de mes six années de psycho.

Cette phrase a résonné en moi parce qu'à ce moment-là, tout mon système psychologique s'articulait autour du maintien d'une image négative de moi-même. Côté cœur, j'enchaînais les relations sentimentales difficiles, voire impossibles. Tout cela m'avait convaincu que je n'étais pas quelqu'un d'aimable, que je ne suffisais pas pour pouvoir être aimé.

C'est fou comme on devient dépendant au négatif quand on n'a connu que cela ! Il finit par définir notre manière d'aborder toutes les situations du quotidien, notre cartographie du monde. Notre personnalité. Il m'a fallu du temps pour comprendre que cette partie de moi qui s'exprimait n'était pas vraiment « moi », mais une entité façonnée malgré moi et que j'ai laissée s'installer au fil du temps sans aucune bienveillance à mon égard. Et tout ça, sans en être conscient, bien sûr.

La fois où une phrase m'a réveillé...

La deuxième phrase a été la plus belle jamais prononcée par mon psychanalyste (que je salue au passage). Je lui parlais de l'histoire de ma famille et du fait que mon père avait tout quitté à cause de cette révolution. Qu'il avait tout sacrifié pour être auprès de nous et pour que ses enfants puissent avoir un avenir (de médecin ou d'avocat, pas pour « jouer des petites chansons dans des cafés »). Et là, il a prononcé ces mots magiques : « Vous savez, Keyvan, le sacrifice a toujours un prix… (temps de psychanalyste), reste à savoir qui doit le payer. » Fin du TEDx ! Je me suis levé, j'ai applaudi, j'ai foncé à la Fnac pour acheter tous ses livres et j'ai adhéré à son programme en ligne. Non, je déconne, je suis resté bouche bée. Sa phrase a résonné en moi et résonne encore aujourd'hui.

Il avait mis le doigt sur un point central de mon existence du moment.

Étais-je en train de payer le prix du sacrifice de mon père ? Ou plutôt mon père était-il inconsciemment en train de me faire payer ce prix ? Je ne savais pas que cette phrase allait changer le cours de mon existence, que le chemin vers moi allait enfin pouvoir commencer.

Bon, par contre, qu'est-ce que je fais de tout ça maintenant ?

À ce moment-là, j'avais deux options : « Stop » ou « Encore ».

À savoir, soit je continuais comme ça et j'allais finir par sombrer définitivement du fait de la dose de stress chronique que je ressentais et de l'absence de contrôle perçu sur ma vie, soit je mettais en place des actions pour changer tout ce qui pouvait encore l'être.

J'en ai choisi une troisième : la fuite !

Je me suis littéralement cassé. J'ai fui ce quotidien au contact des déclencheurs de mon mal-être. Je dis « fuir » car je suis parti sans confrontation réelle. Fuir d'abord à l'étranger, puis à Paris. Ça m'a fait du bien. J'ai recommencé à respirer. Le problème de la fuite et du changement d'air, c'est que même si on ressent un bien-être temporaire, on embarque tout avec nous dans notre tête. On emporte le disque dur et les données.

Voilà. Ça, c'est mon point de départ. Il m'a fallu près de vingt ans… Vingt ans pour me comprendre, d'abord. Comprendre quels mécanismes s'étaient mis en place dans ma tête au quotidien. Comprendre les notions de conditionnement, de croyances limitantes. Il m'a fallu identifier mes boucles de pensées négatives, mes schémas compulsifs. Vingt ans pour comprendre que j'étais bien plus que celui que je croyais être.

Évidemment, l'un des buts de ce livre, c'est d'essayer de te faire gagner du temps… Mais avant de poursuivre, comme on parle de disques durs et de données, je propose de faire un point « cerveau ». C'est l'occasion de donner quelques repères.

Je reste ou ça va être compliqué ?

T'inquiète, je simplifie…

Que se passe-t-il dans ton cerveau ?

Ah ! C'est ton moment Michel Cymès.

Le cerveau, c'est l'organe, le disque dur comme je le disais, ou l'unité centrale si tu préfères.

Même si on vit au XXIe siècle et que la société actuelle a bien évolué depuis le temps des cavernes, ton cerveau, lui, n'a pas tellement changé. Sa fonction principale, c'est le maintien de ta survie.

Genre, à une époque, quand tu étais poursuivi par un mammouth ?

Exactement. Même si aujourd'hui, c'est quand même peu (pas) probable. Au quotidien, son rôle est de te signaler les éléments de ton environnement auxquels tu dois prêter attention, soit dans le but de satisfaire un besoin fondamental, soit dans le but de te montrer une situation qui présente un enjeu.

Genre un mammouth.

Pour faire simple, quand une situation présente un enjeu positif (par exemple, un challenge) ou négatif (par exemple, une agression), tu vas ressentir un stress, c'est-à-dire une réaction physiologique de ton organisme à la situation qui présente cet enjeu. En fonction du temps d'exposition au « stresseur » (une personne comme une situation), ton cerveau va libérer différents types d'hormones.

T'as dit simple.

T'as de la chance, j'aurais pu parler de l'axe hypothalamo-hypophyso-surrénalien.

Les différents types d'hormones en situation de stress

L'adrénaline

Elle a pour fonction d'augmenter ton niveau de vigilance. C'est la « **phase d'alerte** ». Cette phase est assez rapide et te permet de répondre quasi instantanément au type de stresseur auquel tu es confronté.

Exemple : Un mammouth te fonce dessus, ton cerveau analyse la meilleure chose à faire. En général, deux types de réponses sont observés : l'attaque (la confrontation) ou la fuite. Il existe éventuellement une troisième réponse qui est l'immobilisation, la sidération. C'est un vestige d'une époque durant laquelle, face à un danger imminent pour notre vie, on faisait parfois le « mort ».

Ces réactions semblent dater d'un temps révolu. Mais ce qui est intéressant, c'est que dans un exemple plus moderne et moins physique (et surtout plus probable), la réaction est la même : face à mon père, j'avais le choix entre l'affrontement, la fuite, ou l'immobilisation. Dans la situation du mammouth (et on arrêtera avec cet exemple absurde), la fuite est bénéfique, tu restes en vie. Concernant mon père, je suis resté en vie aussi mais j'ai emporté un bon petit paquet de merdes mentales.

Les situations stressantes, qu'elles soient stimulantes ou intimidantes, te font ressentir, par le biais de cette libération d'adrénaline, une émotion qui s'apparente à la peur ou peut être ressentie comme telle. C'est la manière que tu auras d'interpréter cette « peur », en fonction de la situation et de ton expérience, qui orientera ta réponse à celle-ci.

Le cortisol

Dans un deuxième temps, quand l'exposition à l'élément déclencheur du stress se prolonge, le cerveau libère du cortisol, une hormone dont tu as sûrement déjà entendu parler et qui peut avoir des effets physiologiques bénéfiques mais pas que… C'est ce qu'on appelle **« la phase de résistance au stress »**.

Dans un troisième temps, quand on est soumis à un stress élevé pendant une période trop longue (appelé stress chronique), survient **« la phase d'épuisement »**.

Exemple : les relations toxiques au travail ou dans la vie personnelle, les gens qui ne s'arrêtent jamais, Elon Musk, un enfant qui pleure trop longtemps sans jamais être rassuré, Elon Musk, etc.

Ils sont là, les effets moins bénéfiques. En effet, le niveau de cortisol devient trop élevé et envahit le cerveau. Cette troisième phase peut être dévastatrice pour la santé physique et psychologique. En général, c'est un des signes du burn-out qui peut conduire d'abord à la déprime puis à la dépression si aucun des symptômes n'est traité à temps.

« La vraie valeur d'un homme se détermine d'abord en examinant dans quelle mesure et dans quel sens il est parvenu à se libérer de son ego »

Einstein,

un mec pas con.

C'est quoi « l'ego » ?

En latin, ego signifie moi, je.

Il nous semble indispensable de nous arrêter sur cette notion parce qu'on va pas mal en parler dans les pages qui suivent. C'est une notion ultra-intéressante mais particulièrement complexe à définir tant ça paraît abstrait. Sans parler du fait qu'en fonction des obédiences (psychologie, philosophie, spiritualité), l'explication n'est pas tout à fait la même. Le plus simple, c'est de donner notre explication.

Quand notre fils Milo est né, nous avons compris à quel point nous avions tous été, un jour, un petit être totalement dépendant des autres et principalement de ses parents. Milo n'avait qu'une seule option possible : nous faire confiance. Et il est dépendant de nous aussi bien pour sa nourriture ou son bain que pour appréhender le monde…

La fois où je me suis construit un ego…

Si ton cerveau est le disque dur, le reste serait les « données » que tu laisses entrer dans ton cerveau depuis ta naissance. Ton vécu, ton histoire familiale, la relation que tu développes avec tes proches, l'environnement dans lequel tu as grandi, les choses que tu as vues ou entendues (à ton propos ou non) au sein de ta famille ou à l'école, les évènements qui t'ont marqué ou même traumatisé, bref tout cet héritage, ce sont les données. Ces données arrivent par tes cinq sens au cerveau qui les traite et crée des programmes, tes programmes.

Nous sommes donc tous le fruit de ces influences positives ou négatives qu'on laisse entrer dans nos vies (dans notre tête) depuis l'enfance. Toutes ces influences vont façonner ta manière de voir le monde et ton système de croyances. Ainsi, tu vas te créer une cartographie non pas du monde tel qu'il est en réalité, mais du monde tel que tu le perçois et l'interprètes.

Lorsque tu es enfant, tu n'as pas d'autres choix que d'autoriser ces données à entrer dans ta tête et de laisser faire. Tu n'as pas les armes et surtout, tu fais confiance. Comme tous les enfants, notre fils est un être absolument pur. Il n'est qu'amour, il n'y a rien de néfaste en lui. Et comme tous les enfants, c'est une éponge qui absorbe le positif comme le négatif. Même quand il joue seul et semble être isolé dans son petit monde, il est là, présent. Et il absorbe malgré lui en permanence tout ce qui se passe.

En fonction de son environnement, il peut devenir un être lumineux, plein de confiance en lui et qui se sent aimable et aimé de manière inconditionnelle, ou devenir un être bourré de doutes, de peurs et qui a une estime de lui-même proche du degré zéro. Et même si l'école a aussi une responsabilité là-dedans (on a tous connu un prof nocif et un prof bienveillant), nous sommes convaincus que c'est nous, ses parents, qui avons le pouvoir (le devoir même) de lui donner les outils et moyens nécessaires à son avenir. Ça coule de source : un enfant qui grandit dans la bienveillance et le respect sera mieux armé dans la vie qu'un enfant qui grandit dans un environnement toxique. (Spoiler : heureusement, il n'y a aucune fatalité dans la vie !)

L'ego, c'est cette entité qui a assimilé toutes les données. « Quoi ? Rien compris ! » Ouais, c'est abstrait. C'est une sorte de toi qui n'est pas vraiment toi. C'est un « toi » qui n'interprète le monde qu'à travers le système de croyances qu'on a créé pour lui (tes parents, ta famille, tes amis, l'école, la société, etc.) et qui n'a pas encore créé ses propres croyances, ses propres expériences, sa propre vision des choses. Comme Néo avant qu'il ne prenne la pilule bleue dans *Matrix*. C'est plus clair ? Non ? Ok, on va faire un dessin.

Sur ce dessin, y'a moi (à gauche) et mon ego (à droite). On forme une seule et même personne physique.

Mais à l'intérieur, mentalement, il y a un Keyvan qui porte un sac à dos rempli de cacas qui l'empêchent de s'épanouir et de réaliser tout son potentiel et un Keyvan qui doit d'abord prendre conscience de la présence de ce mec qui porte un sac à dos plein de cacas et qui décide à sa place. Ensuite, il doit poser ce sac, regarder dedans et se débarrasser de tout ce qui ne lui appartient pas (les croyances limitantes principalement) pour devenir ce qu'il veut être vraiment. Bref, il doit vider son sac et faire le tri.

La construction de l'ego est néanmoins indispensable à notre développement car il nous permet d'abord de nous définir comme différent de l'autre. Avant de le dépasser et de faire le tri dans son sac, il faut d'abord le reconnaître et l'accepter.

Attends, c'est quoi une croyance limitante ?

Quand on pense au mot « croyance », on pense au verbe « croire », c'est-à-dire tenir pour vrai quelque chose. Une croyance est une pensée très personnelle, construite à travers ton vécu et dont tu as l'intime conviction qu'elle est vraie. Elle peut être positive comme négative. Mais le positif, c'est cool, donc on va plutôt parler des croyances qui posent un problème.

« L'amour, c'est ce qu'il y a de plus beau » est une croyance, tout comme « l'amour, ça fait souffrir ».

Lorsqu'elle est négative, on appelle ça une croyance « limitante », c'est-à-dire une croyance qui te freine, t'empêche d'avancer et de réaliser tout ton potentiel. Ton ego est constitué de ces croyances qu'il ne remet jamais en question et il te fait prendre des décisions ou agir en accord avec elles. Un peu comme des lunettes, tu vois la vie à travers elles mais tu ne les vois pas. Jusqu'au jour où tu prends conscience de l'existence de tes lunettes.

Prenons un exemple : si tu as vu tes parents se disputer toute leur vie ou être malheureux en amour, il est probable qu'une de tes croyances soit « l'amour, ça fait souffrir ». Et il est aussi probable que tu agisses selon cette croyance et que tu sois à ton tour malheureux en amour : c'est ce qu'on appelle la « répétition d'un schéma », c'est-à-dire que tu vas prendre des décisions et agir dans le sens de la confirmation de tes croyances. Tout cela, malgré toi ! Les croyances et les schémas sont étroitement liés, on traite le sujet dans le chapitre suivant.

Ces croyances, on les retrouve dans tous les domaines – amour, travail, vie sociale, amitié, etc. Voici des exemples (liste non exhaustive) de croyances limitantes :

« Je ne peux faire confiance à personne. »

« L'argent n'amène que des problèmes. »

« Je suis incapable de … »

« Il faut travailler dur pour réussir. »

« La vie, c'est difficile. »

« Dans la famille, on n'a jamais de chance. »

« Dans la famille, on est nuls en maths. »

« Je ne peux rien à ce qui m'arrive. »

« L'amour, ça fait souffrir. »

« Faut pas rêver non plus. »

« Le monde extérieur est dangereux. »

« On ne peut pas tout avoir dans la vie. »

« Je suis nul. »

« Je ne suis pas aimable. »

Comme tu peux le lire, ces croyances peuvent être aussi bien la résultante d'expériences que de choses qu'on a dites à ton propos.

Ton ego, c'est la voix intérieure qui donne raison à ces croyances limitantes, cette voix qui te fait dire : « Je l'avais bien dit que cette fille était trop bien pour moi », « Je vais pas y arriver », « Je peux pas faire ça, les gens vont se moquer de moi », « Je ne vais pas faire ces études-là, on m'a dit qu'il n'y a pas de débouchés »… C'est le chef d'orchestre de ton dialogue intérieur, de ces infernales boucles de pensées négatives.

Maintenant, revenons au dessin.

Aucun jugement sur les fonctionnaires, ce n'est juste pas mon choix. Mais, si j'écoute mon ego, je peux passer à côté de ma vie.

Ton ego, c'est souvent un putain de rabat-joie ! Si tu l'écoutes, si tu le laisses faire et si tu lui donnes du pouvoir, il va tuer toutes tes impulsions et systématiquement te faire choisir le chemin qu'il connaît. Tout ça, de manière involontaire (voire automatique), et donc sans ton consentement. Il te fait prendre des décisions qui ne suivent pas réellement tes envies. Il te fait dire des choses qui ne sont pas réellement ce que tu penses. Cet exemple illustre un choix de vie mais ton ego apparaît aussi dans des situations plus simples et quotidiennes. On en reparlera dans les pages suivantes.

Avec le temps, à force de t'identifier à ton ego, tu peux finir par croire que t'es comme ça, que t'es cette personne-là.

Mais alors, tout est foutu ?

Oui. Fin du livre.

Non, je déconne. Rien n'est jamais foutu, c'est ça la bonne nouvelle ! Tu peux, à n'importe quel instant, prendre conscience de ton ego et reprendre le contrôle de ta vie. Parce que tu n'es pas ton ego. Et tu n'es pas son lieutenant non plus, t'es pas obligé de lui obéir.

On va revenir sur cette notion d'ego et sur les outils que nous utilisons au quotidien pour éviter qu'il ne prenne le contrôle. Mais d'ores et déjà, la prochaine fois que tu as une décision relativement importante à prendre, ou même que tu as une pensée négative, demande-toi d'où vient cette décision ou pensée. Qui décide ? Qui pense ? Toi ou ton ego ? Toi ou tes parents ? Toi ou la société ? Quelle voix du passé se rejoue dans le présent ?

Et lorsque tu prends conscience de l'existence de cet ego, nul besoin de lui en vouloir.

Moi par exemple, je visualise mon ego comme la petite fille que j'étais. C'est elle qui a peur, c'est elle qui se juge, qui perd confiance.

Quand elle (mon ego) surgit, je m'imagine la prendre dans les bras et la rassurer. Je lui ai laissé un instant pour qu'elle s'exprime et je reprends le contrôle. Sinon, elle me freine.

On va
y arriver, tout
va bien.

C'est quoi un schéma ?

As-tu déjà eu le sentiment de revivre le même genre de situations dans différents domaines de ta vie ? De rencontrer le même genre de personnes avec qui tu finis par entretenir des relations amicales ou intimes souvent insatisfaisantes ? De te confronter toujours aux mêmes obstacles qui te donnent le sentiment de ne pas avancer ? De rejouer systématiquement des scénarios du passé qui finissent tôt ou tard par te rendre malheureux ?

Si oui, c'est que tu es probablement dans une logique de reproduction d'un ou plusieurs schémas. Tin, tin, tin ! (Musique de suspens)

N.B. : oui, je sais, normalement on dit « des scénarii », mais comme personne ne le dit, même pas les scénaristes, on va rester sur « des scénarios ».

Définissons d'abord ce qu'est un schéma

On a vu ensemble que nos croyances déterminent considérablement notre perception du monde, non pas tel qu'il est mais tel que nous l'interprétons.

Ces croyances s'élaborent très tôt dans la vie en fonction de nos expériences. Celles de l'enfance sont particulièrement marquantes.

Dans les premières années de la vie, nous n'avons en effet pas la capacité d'analyser les situations et nous enregistrons donc tout ce que nous voyons et entendons comme « argent comptant ». Nous sommes de véritables éponges du positif comme du négatif.

En gros, un enfant en bas âge croira tout ce qu'il expérimentera et tout ce que vous lui direz, le compliment comme la critique, l'encouragement comme le rabaissement, la caresse comme la claque mentale. D'où l'importance de mesurer l'impact de nos paroles et de nos actes envers les enfants, toujours en gardant à l'esprit que les adultes, c'est nous et que par conséquent, c'est à nous de prendre sur nous et non pas aux enfants de prendre sur eux pour nous.

Eh bien, de tes croyances vont naître tes modèles de compréhension de toi-même, des autres et du monde. Ces modèles, ce sont tes schémas. Ils sont censés te permettre de guider tes réponses ou tes réactions aux situations de la vie et de résoudre des problèmes de manière efficace et adaptée. Bien souvent, c'est le cas. Heureusement. Quand tout va bien, tes croyances et tes schémas sont censés s'ajuster à mesure que tu expérimentes de nouvelles choses. Un peu comme un petit enfant qui, au départ, n'a ni croyance ni schéma et n'est qu'adaptation constante à son environnement. C'est d'ailleurs cette capacité d'adaptation quasi « innée » aux situations nouvelles qui nous permet de grandir et d'avancer dans la vie de manière constructive et structurante.

Alors pourquoi t'arrive-t-il quand même de traîner depuis trop longtemps des croyances qui te sont néfastes, et ainsi de revivre le même genre de choses avec des personnes différentes mais finalement pas si différentes que ça (oui, parce qu'il peut arriver dans la vie que tu retrouves des « répliques » d'un de tes parents, par exemple, à travers un prof, un patron, un collègue de travail, un ami, un conjoint, etc.) ? Parce que certains des schémas qui se sont créés dans l'enfance sont probablement des schémas dits « dysfonctionnels ». Ils se mettent en place à un stade précoce de ta vie et sont construits à partir de croyances extrêmes, négatives, globales et rigides comme on l'a vu dans le chapitre précédent : « Je ne peux faire confiance à personne », « L'argent n'amène que des problèmes », « Je suis incapable de… », « Il faut travailler dur pour réussir », « Je ne suis pas aimable », etc. À titre personnel, je me retrouve totalement dans la dernière… Ah tiens, comme c'est curieux !

Avec le temps et la répétition de certains schémas dont le but est de venir confirmer ces croyances, ces dernières finissent par devenir un véritable obstacle à ton développement.

La compulsion à la répétition

#ilestchiantcetitre

Attends, tu vas comprendre !

Ces schémas nous poussent de manière inconsciente à répéter le même type de fonctionnement et à reproduire ainsi des expériences insatisfaisantes ou des vécus douloureux.

C'est un peu comme si dans ton histoire, à un moment donné, quelque chose s'était bloqué et avait laissé une trace. Une sorte de bouton « start » dans ton passé. Et chaque fois que tu rencontres dans ton présent un élément déclencheur (une catégorie de personnes ou de situations), le bouton start se remet en route malgré toi et tu rejoues le même style d'histoire, à quelques différences près évidemment, mais tout de même similaire. Cette force qui nous pousse à dire ou faire quelque chose de manière incontrôlable (automatisée) et à répéter dans le présent des relations vécues dans le passé, c'est la compulsion. C'est un terme plutôt psychanalytique. Cet « éternel retour du même » dont parlait Freud.

On a tendance à prendre des exemples un peu extrêmes pour illustrer ce mécanisme.

J'ai connu une amie qui se retrouvait systématiquement dans des relations amoureuses avec des hommes qui la maltraitaient : l'un était un alcoolique brutal physiquement, le suivant la malmenait d'une manière plus insidieuse en l'humiliant verbalement, un autre encore lui mentait et la trompait… Je suis sûr qu'on a tous déjà entendu ou même peut-être vécu de près ou de loin ce genre d'histoires !

Vu de l'extérieur, on a du mal à saisir ce côté « plus fort qu'elle » qui la pousse à entretenir une relation qui la détruit. C'est comme s'il y avait une sorte d'impossibilité à ne pas y revenir. Eh ben, c'est ça, la compulsion ! Assurément, ce mécanisme va à l'encontre de l'essence même de la vie et du principe de plaisir.

Ce même mécanisme de « reviens-y » s'applique aussi à des situations plus quotidiennes et néanmoins néfastes pour nous :

- Vivre des situations d'échecs professionnels ou scolaires à répétition ;
- Avoir sans cesse des dettes ou un manque d'argent ;
- S'entourer systématiquement d'individus ou d'environnements toxiques pour nous, ou bien être cet individu qui a un comportement toxique ;
- Être toujours attiré par la personne qui ne veut pas s'engager, ou au contraire, être la personne qui ne s'engage pas…

Bref, ce genre de spirales négatives sont autant d'indicateurs de quelque chose de plus fort que nous qui se reproduit malgré nous.

« Tant que vous n'aurez pas rendu l'inconscient conscient, il dirigera votre vie et vous appellerez cela le destin. »

The Rock,

un mec un peu musclé.

Nan, par contre, ça, c'est moi qui l'ai dit.

The Rock aurait pu le dire.

Si on regarde un instant l'étymologie du mot « répéter », on voit qu'il vient du latin repeto qui signifie redemander, chercher à atteindre à nouveau.

Pourquoi revenir alors vers ce qui nous fait du mal ?

J'ai précédemment évoqué le fait qu'à une époque, j'enchaînais les échecs dans mes relations amoureuses. À chaque fois, la situation était un peu différente mais pas si différente que ça puisque la résultante était la même : j'étais malheureux. Sur ce chemin périlleux, j'ai eu la chance de rencontrer des filles très chouettes et aucune d'entre elles n'était habitée par des intentions de me nuire volontairement.

La fois où j'ai compris que j'avais un problème avec le rejet

Donc la compulsion se cristallisait plus, dans mon cas, sur les situations que sur le type de personne.

En effet, le schéma était presque toujours le même : je rencontre une fille, on se séduit, on flirte. Et là, trois possibilités :

- Soit la fille est déjà prise, auquel cas elle finit toujours par rester avec son mec et décide de ne plus me voir. Et là, je m'accroche.
- Soit, après quelques mois, la fille ne souhaite pas s'engager plus loin avec moi. Et je continue à m'accrocher en pensant que je pourrais la faire changer d'avis. Rookie mistake.
- Soit la fille ne me correspondait pas du tout mais le sexe était cool. Donc j'en arrivais à me convaincre que c'était une fille pour moi. Et je m'accrochais.

Ouais, j'étais quelqu'un de dépendant affectivement à une époque. Même si dans les premiers temps ces relations étaient très agréables à vivre, il y avait toujours un moment où, clairement, ça devenait un calvaire. Pour moi, je précise. Et donc j'étais malheureux.

Comme si, dès lors qu'il y avait rejet de la part de l'autre, ça activait malgré moi le bouton « start » de la prise de tête et je surinvestissais la relation. Le côté « je m'accroche » décrit plus haut.

Ce schéma s'est répété sur plusieurs années jusqu'au moment où j'en ai eu marre. Genre vraiment marre.

Le vrai changement ne peut commencer qu'en cas d'insatisfaction à l'égard du comportement.

Et tant qu'il y a une forme de satisfaction même inconsciente, on continue.

Ce que je retiens de ces périodes sombres de ma vie amoureuse, c'est le profond sentiment de ne pas être quelqu'un d'aimable. Qu'au final, « JE » devais ne pas suffire car ces filles choisissaient de ne pas s'engager avec moi dans une vraie relation. Cette spirale dans laquelle je me suis embourbé devait inconsciemment me satisfaire. D'où le côté « reviens-y ».

C'est probablement pour cela que la phrase de mon prof de psycho de troisième année sur le masochisme avait résonné en moi : « Le masochiste préfère la sécurité de la misère aux misères de l'insécurité ».

Comme si, à un moment, j'avais rétabli de la vigilance, je m'étais éveillé à la situation.

Déjà, en constatant le caractère insatisfaisant de ces relations amoureuses que j'enchaînais, puis en me demandant pourquoi je revenais vers des situations qui me faisaient souffrir…

J'ai. Pris. Conscience.

À quoi servait ce schéma pour moi ?

À maintenir en vie mes croyances limitantes coriaces – « je ne suis pas quelqu'un d'aimable », « je ne suffis pas pour être aimé » – construites sur les phrases de dénigrement et les humiliations verbales subies dans l'enfance. Tu le vois ce moment dans la vie où tu crois que tes parents cessent de t'aimer de manière inconditionnelle ? Et où tu penses que l'amour t'est donné à condition que tu agisses conformément à leurs attentes ? Bah, dis-toi bien que si tu prends en pleine face des paroles humiliantes ou des actes gratuits incompréhensibles de la part de tes parents, tu te mets à construire et à donner du sens à leurs comportements. Et la voie de la facilité, pour n'importe quel humain, c'est de commencer à ressentir de la culpabilité. Tu vois ou pas ? On en reparlera plus loin.

Une autre de mes croyances directement liées aux deux précédentes s'est construite en cours de route : « Il faut en faire toujours plus pour être aimé. » Logique. Étant persuadé de ne pas suffire pour être aimé, je surinvestissais les relations, espérant inconsciemment prouver à l'autre que j'étais quelqu'un d'aimable. C'était un peu comme si, au fond de moi, j'étais convaincu de partir avec une sorte de « handicap » m'obligeant à en faire beaucoup plus que les autres pour me sentir au « même niveau ». Finalement, j'en faisais toujours trop.

En entretenant ce schéma, j'avais le besoin inconscient de me punir régulièrement et de confirmer le fait de « ne pas être quelqu'un d'aimable ». Comme on punit un enfant qui a fait quelque chose de mal. La croyance limitante entraînait donc la reproduction du schéma à travers mes expériences de vie et le schéma nourrissait ma croyance limitante. Le cercle vicieux. L'enfer dans la tête.

Le vrai problème était, tu l'auras compris, une absence complète d'estime pour moi. Car si je m'aimais vraiment, me serais-je infligé autant de souffrances ? *Food for thoughts* ! Nourriture pour l'esprit !

Si je m'aimais réellement, j'aurais probablement vécu les mêmes relations sous un tout autre angle. J'aurais pris ce qu'il y avait à prendre, et au moment où ça devenait trop compliqué, j'aurais mis un stop direct. J'aurais probablement encaissé le coup car certaines de ces filles me plaisaient beaucoup. Et j'aurais avancé dans ma vie avec plus de sagesse, mieux armé pour la relation suivante.

Peut-être même que je n'aurais tout simplement pas été attiré par ce genre de filles… Difficile quand on a 21 ans, une estime de soi au niveau zéro et aucun repère d'histoire d'amour qui s'est bien déroulée !

Petit aparté complètement personnel au passage : l'amour ne doit jamais vous faire souffrir. Bien au contraire. Quand vous rencontrez la bonne personne, les choses sont simples et naturelles. Ça implique juste de la disponibilité dans la vie de l'un et l'autre pour s'investir dans la relation. Parfois, c'est juste pas le bon moment. Et c'est pas grave. C'est con, mais c'est pas grave. C'est comme si j'avais eu besoin d'en passer par là pour tirer des leçons et être prêt quand une bonne personne allait se présenter…

Amusons-nous à…
Identifier les schémas

Ce livre n'est pas une psychanalyse, mais cela n'empêche pas de se poser des questions. C'est un outil tout con que j'ai énormément utilisé, que j'utilise encore et que j'ai personnellement appelé **« Se poser des questions »**. Oouaaah Maud, quelle imagination ! I know.

Précisons tout de même que sortir d'un schéma toxique nécessitera peut-être un accompagnement auprès d'un professionnel pour te permettre de comprendre les mécanismes sous-jacents à tes comportements. Mais il y a quand même des indicateurs de surface qui peuvent t'alerter sur le caractère bienveillant ou pas des situations que tu vis.

T'as vu, je t'ai mis des petites lignes pour que tu puisses répondre (tu as aussi des pages rien que pour toi à la fin du livre) ! Écris sans jugement. Et pour que tu passes un bon moment, j'ai ajouté des petits jeux.

Les premières questions à se poser sont :

- Suis-je heureux/heureuse dans cette situation ?

- Comment est-ce que je me sens ?

- Est-ce que cette situation ressemble à d'autres situations déjà vécues de manière similaire ? Si oui, est-ce que ces situations ne seraient pas la possible reproduction d'un schéma ? Et de fait, à quelle croyance je donne raison en agissant ainsi ?

Aide Maud à sortir de sa prise de tête :

Maintenant que j'ai une piste, si je m'aime vraiment, est-ce que je continue dans cette voie ?

Plus globalement, est-ce que je m'aime vraiment ?

☐ Oui ☐ Non ☐ Laisse-moi tranquille

Qui habite où ?
Relie les animaux à leur maison

Amusons-nous à...
Identifier les boucles de pensées négatives

Pour aller plus loin, on te propose ce petit exercice.

Un jeu !

Oui, on peut dire un jeu.

Mais avant de commencer, qu'est-ce qu'une pensée négative ?

Oh ben, on voit tous non ?

Y'a quand même deux, trois trucs à préciser : de tes croyances limitantes découlent un tas de pensées négatives qui se traduisent dans le corps par une ou plusieurs émotions négatives (peur, colère, tristesse). Au cours de l'exercice (le jeu), je t'invite à prêter attention aux réactions de ton corps quand tu vas répondre aux questions.

Et comme pour les schémas, il y a des lignes pour prendre des notes et bien sûr, tu trouveras des petits jeux ! Tu vas voir, c'est l'éclate totale !

Mes pensées négatives

Pour commencer, peux-tu noter 5 pensées négatives récurrentes ?

Si tu n'en as que 3, tu ne peux pas aller plus loin dans le livre. Dommage. Nan, je déconne, tu peux aussi le faire avec 3. Et si tu en as plus que 5, penche-toi d'abord sur les 5 qui reviennent le plus souvent.

Mes pensées négatives et mon histoire

Peux-tu relier tes pensées négatives à un ou des évènements de ton passé ? De celui de tes parents ? Dans l'histoire de ta famille ? Essaie d'être le plus précis possible.

Mes pensées négatives et le regard des autres

Est-ce que ces pensées s'apparentent à des choses qu'on t'a souvent répétées ?

Par exemple : « T'es toujours malade », « t'es jamais content », « tu ne manges jamais rien », « tu fais jamais attention », « t'es bien comme ton père, toi », « tu fais encore ton timide », « t'es un vrai casse-cou », « t'es trop sensible ! », « t'es toujours là où il faut pas », « qu'est-ce que t'es tête en l'air », « avec toi, y'a toujours un truc qui va pas ! », « t'es un vrai peureux », ou à l'inverse « toi, t'es toujours de bonne humeur ! » (ce qui peut également poser un problème parce que tu peux te mettre une pression d'enfer pour te conformer à cette image et être toujours de bonne humeur).

Qui t'a répété ces choses ? Quelle place t'a-t-on donnée dans la famille, à l'école ? Quelle étiquette t'a-t-on collée ?

Le but n'est pas de pointer d'un doigt accusateur les gens qui t'ont (souvent malgré eux) rangé dans une case. Eux, ils ont fait comme ils ont pu avec leur propre sac à dos. L'important ici, c'est toi. C'est ton ressenti. Le but, c'est de prendre conscience et tenter de faire des liens.

Au fur et à mesure, il y a de grandes chances pour que tu fasses des associations d'idées sans même t'en rendre compte. Laisse les choses venir même si elles te semblent pour l'instant dénuées de sens. Zéro jugement. Et pour que tu passes un bon moment, j'ai ajouté des petits jeux.

Trouve l'intrus

Mes pensées négatives et mes croyances

On a dit que les pensées négatives découlent directement de tes croyances limitantes. Est-ce que tu distingues des points communs entre certaines pensées négatives ? Font-elles partie d'une seule catégorie ou de plusieurs ?

Par exemple, le sujet commun peut être la famille, l'amour, l'argent, la carrière professionnelle, l'amitié, le rapport au corps, la confiance en soi, la chance, etc.

Pour t'aider, tu peux regarder la liste non exhaustive glissée dans le chapitre sur les croyances (p. 26).

Pour ma part, l'une de mes principales croyances limitantes a longtemps été : « Je ne mérite pas d'avoir de l'argent. » Cette croyance a directement pris racine dans l'histoire de ma famille et dans les mots entendus depuis l'enfance de la bouche de mes parents (« De toute façon, dans la vie, l'argent est un problème pour tout le monde »). Tout ceci a fini par avoir des répercussions dans ma vie d'adulte : mes pensées négatives pouvaient s'apparenter à des « et si ma carte bleue ne passe pas ? », « et si je ne pouvais pas payer mon loyer le mois prochain ? » Je développe mon rapport à l'argent et ma peur de manquer plus loin dans le livre. C'est un sujet encore trop tabou alors qu'il concerne énormément de monde.

Merci Maud. Et si on parlait maintenant de la pensée positive ?

Ouiiiiii ! Youpiiiii ! Hihaaaaa !

Relie les points entre eux

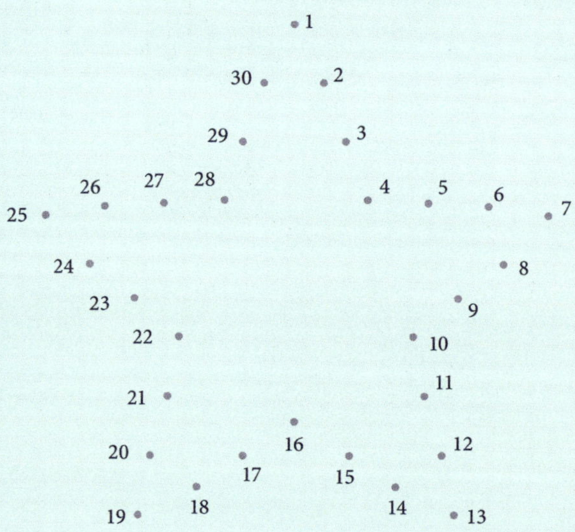

Ça se voit que c'est une étoile.

T'as tout gâché.

La pensée positive

« Attends, ils vont quand même pas nous rabâcher que c'est mieux de penser positivement ?! »

Si, si. Un toutipeu. Parce que c'est chouette. On va aborder ça le plus simplement du monde.

On a tous déjà entendu parler de la pensée positive. Mais si, c'est l'exercice mental qui consiste à penser de manière positive. C'est un exercice, un mécanisme même, que je pratique tous les jours. Quand j'ai commencé à me pencher sur le sujet, il m'a semblé à la fois intéressant et rebutant. Parce que la culpabilité n'est jamais loin dès qu'une pensée négative (re)fait son apparition. Sans parler du fait que, selon certaines croyances, tu peux voir arriver dans le réel tout ce que tu imagines en pensée. J'ai aussi culpabilisé, j'ai aussi tout mélangé : on va se calmer tout de suite, on va faire le tri. Et je rappelle que tout ceci est avant tout un jeu.

Pour commencer, la pensée positive, c'est pas nouveau. Le pharmacien Émile Coué a développé sa méthode (la fameuse méthode Coué) au début du XXe siècle. Le principe, c'est l'autosuggestion : Coué était persuadé que se répéter « tous les jours, à tout point de vue, je vais de mieux en mieux » agissait sur l'inconscient et sur le corps. Globalement, tout mantra positif aurait une influence sur ta vie. Ce mouvement a été repris maintes fois par la suite par des dizaines de thérapeutes en tous genres, mais le principe reste le même.

L'autosuggestion, tu connais déjà, c'est le truc que l'on pratique tous les jours sans même s'en rendre compte mais en version négative, ce sont les fameuses pensées négatives : « J'ai peur de foirer mon examen », « Mon entretien d'embauche va mal se passer », « Je ne suis pas assez bien pour lui », « Qu'est-ce que je suis maladroite » (je parle de moi ? possible), etc. Ici, l'idée, c'est bien sûr de faire de l'autosuggestion positive.

Pour ma part, je pratique la pensée positive depuis des années sans savoir au départ que ça avait un nom. C'est même un des outils qui m'aident le plus. Comme Émile, je suis absolument persuadée qu'elle est bénéfique.

Au même titre que je suis convaincue que la pensée négative peut avoir des effets néfastes et destructeurs : il suffit de répéter à un enfant qu'il est un idiot fini pour que celui-ci finisse par le croire et se conforme à cette idée.

C'est ce qu'on appelle l'effet Golem, à l'inverse de l'effet Pygmalion (expliqué au chapitre suivant).

À plus petite échelle, j'ai très tôt remarqué que les pensées négatives du quotidien de mon entourage avaient une influence négative sur moi : « On ne va pas trouver de place pour se garer », « On va rater notre train », « Tu vas tomber malade », « Qu'est-ce que t'es maladroite », etc. Je me sentais stressée, oppressée. Ce genre de phrases a conditionné bon nombre de mes réactions futures. Combien de fois j'ai anticipé négativement en me répétant par exemple « Je ne vais pas trouver de place » alors que je n'étais même pas encore arrivée !

La pensée positive, une mécanique à mettre en place

Chaque fois qu'une pensée négative arrive, tu l'accueilles et tu changes de point de vue : « J'ai peur de foirer mon examen » devient « Je suis tout à fait capable de le réussir », « Qu'est-ce que je suis maladroite ! » devient « Non, je sais parfaitement mettre la table sans rien casser. Fuck off ». C'est dans ce cadre qu'intervient ton imagination ! Parce que si tu es capable d'imaginer que tu vas foirer ton examen, tu es aussi capable d'imaginer que tu vas le réussir, non ? Si tu peux imaginer le pire, tu peux imaginer le meilleur. Tu as toujours la possibilité et donc le choix de modifier ta pensée à ton égard. Toujours. Tou-jours. À l'instar des pensées négatives qui sont devenues au fil du temps une habitude, la pensée positive pratiquée tous les jours va, au fur et à mesure, devenir une habitude, ta nouvelle habitude. Tu t'entraînes comme si tu pratiquais une nouvelle langue ou un instrument de musique. Je suis bien placée pour t'en parler, j'ai moi aussi entraîné mon esprit. Cet enseignement, je le dois à la brillante comédienne et thérapeute Niseema Theillaud qui m'a appris l'essence même de la pratique de la pensée positive.

Comme déjà évoqué, chaque fois qu'il y a une décision à prendre, un changement à faire, un évènement qui arrive aussi banal soit-il, ton ego veut intervenir. C'est lui qui te fait penser que tu risques de rater ton examen. Et tu l'as compris, plus tu vas penser de manière négative, plus tu nourris cet ego et plus il va prendre de la place. Mais avant de s'emballer, on va tout de suite éclairer quelque chose d'important.

La pensée positive et la culpabilité

Je le disais plus haut, le « culte de la pensée positive » peut vite faire culpabiliser. « Oh là là, mais faut que j'arrête de penser négativement, sinon j'aurai une vie de merde ! » Stop. Le principe de la pensée positive n'est pas de nier les pensées négatives qui arrivent. Ce n'est pas non plus de t'insulter dès que tu penses négativement. Et ce n'est pas non plus avoir peur de tes pensées négatives. Le principe, c'est juste de ne plus te laisser gouverner par elles. Ces pensées sont le fruit de ton environnement. Nul besoin de te flageller. En revanche, tu as un super pouvoir : tu n'es pas obligé de les croire ni de leur obéir.

J'ai grandi entourée de gens, parents, grands-parents, oncles et tantes qui ont été, comme beaucoup, parfois positifs et parfois (très) négatifs. Certaines personnes de mon entourage n'étaient que négatives (coucou tatie Odette !), pour elles-mêmes comme pour les autres. Je sais que transformer ces pensées nuisibles est un véritable exercice. Parfois, quand elles arrivent, je les entends avec la voix d'un proche. Ce ne sont même pas les miennes ! Mais plus je pratique la pensée positive et moins les négatives me dirigent. Aujourd'hui, ça fait entièrement partie de mon quotidien.

« Dominez vos pensées ou ce sont elles qui vous domineront. »

Horace,

un poète romain né y'a hyper longtemps.

Amusons-nous à…
Pratiquer la pensée positive

Attention, je t'explique comment moi je fais. Tu peux tout à fait l'adapter à toi ou trouver ta propre façon de faire.

Même avec des années de pratique, j'ai toujours des pensées négatives qui arrivent, aussi bien des réflexions simples que des choses plus angoissantes liées à l'argent, à la santé, etc. Durant ma grossesse, j'ai énormément pratiqué la pensée positive. Ma fausse couche, et le traumatisme qu'elle m'a laissé, voulait tout le temps ressurgir. Tout ceci est bien normal, c'est juste humain. Mon vécu, mes vieilles croyances, mon ego tentent de réagir, de se rejouer dès qu'ils le peuvent. Je ne culpabilise en rien parce que (répète après moi), ça ne fait pas de moi une mauvaise personne. On développera le sentiment de culpabilité plus loin dans le livre.

Je m'autorassure et je change de point de vue

Quand des pensées négatives arrivent, je les laisse venir, je les accueille, elles font partie de moi. Et immédiatement après, je me rassure. Enfin, je rassure la personne en moi qui a soudain peur : la petite fille que j'étais. Je ferme les yeux et je m'imagine lui parler. En bref, je m'autorassure.

Par exemple, si j'ai une soudaine angoisse liée à l'argent à la caisse d'un magasin, c'est cette petite fille que je rassure. C'est elle qui a connu les galères d'argent, c'est elle qui réagit. Je serre l'enfant que j'étais dans mes bras et je l'apaise.

Hop, changement de point de vue.

Me représenter ces pensées par cette petite enfant qui a peur et qu'il faut rassurer m'aide beaucoup : comment pourrais-je lui en vouloir ?

Je me recentre sur le concret

Déjà, j'inspire lentement, j'expire lentement, ce qui me permet de me centrer sur un truc très concret et si basique : mon souffle. Le pouvoir de la respiration, messieurs dames, on ne le répétera jamais assez !

Ensuite, je me recentre sur le concret de la situation : est-ce qu'au moment où je passe à la caisse d'un magasin, je risque de ne pas pouvoir payer mes courses ? Non, factuellement, j'ai de l'argent sur mon compte en banque, ma carte bleue passe, j'inspire, j'expire, je dénoue les tensions. Ma peur existe, pas la situation. Je répète :

Ma peur existe, pas la situation.

C'est un de mes mantras.

Je prends soin de ma peur, je prends soin de ma pensée négative, mais je ne la laisse pas me gouverner. Et surtout, j'ai conscience que cette pensée « imagine si… » n'existe pas.

Je m'arrête deux secondes sur cette notion de « concret » pour apporter une précision importante : il est nécessaire de faire la différence entre des boucles de pensées négatives qui reviennent fréquemment (« j'ai toujours la poisse », « je suis maladroite », « je ne suis pas assez bien », etc.) et des pensées liées à un souci réel. L'impact de la pensée négative liée à une crise – dans son couple, avec ses enfants, un licenciement, un souci de santé ou quoi que ce soit – n'est évidemment pas le même puisqu'il y a en plus quelque chose de réel à gérer. Toutefois, cela ne t'empêchera pas forcément de faire des interprétations et d'anticiper négativement.

J'évite d'anticiper négativement

Pendant longtemps, j'étais la reine à ce jeu ! Imbattable ! Selon le vécu de chacun, la manière de vivre un même « problème » ne sera évidemment pas la même. Et très vite, tu peux te jeter à corps perdu dans des scénarios dramatiques, acte III, scène 2, c'est parti.

Mais il y a une différence entre un problème réel et le scénario que mon esprit fabrique : « Et si ma situation empire, et que je me retrouve sans appartement, et que je n'arrive pas à le dire à ma famille et que je ne sais plus où aller et que mes proches m'oublient et que… » À tout ça, j'ajoute une petite intrigue avec des gens que je connais à peine, du drama en veux-tu en voilà, de l'émotion… on n'est pas loin d'un film de Jacques Audiard.

Tu le connais aussi ce scénario qui, en plus, peut débarquer à 3 h du matin, heure idéale pour régler ses soucis, c'est bien connu ? Parfois, j'allais même jusqu'à chercher des solutions dans ce scénario… qui n'existe pas ! Allô, Maud, ce scénario n'existe pas ! Lorsque ça m'arrive aujourd'hui, je le conscientise immédiatement : « Cette situation n'existe que dans ma tête », je respire, je me calme. Et parfois, j'en ris parce qu'il y a de quoi. Un poil d'autodérision fait du bien aussi.

Enfin, pour revenir à cette notion de « concret », lorsque débarque ce genre de scénario à 3 h du mat', je conscientise d'abord et me fais ensuite une petite liste de ce que j'ai concrètement, de ce que j'ai déjà de beau dans ma vie. Cela m'aide à prendre de la hauteur.

C'est une discipline (ah voilà, c'est mieux que le mot « exercice ») qui a transformé mon quotidien mais il est évident qu'un « travail » (j'aime moins ce mot) plus profond sur le « pourquoi j'ai des pensées négatives qui reviennent sans cesse » peut être important dans certains cas. Des pensées négatives qui provoqueraient un véritable dysfonctionnement, un état anxieux constant, voire dépressif, nécessite l'accompagnement d'un professionnel.

« Traitez un homme pour ce qu'il est et il restera ce qu'il est. Traitez-le pour ce qu'il peut être et il deviendra ce qu'il peut et devrait être. »

Goethe,

un romancier allemand qui a écrit des trucs connus.

C'est quoi l'effet Pygmalion ?

D'après la mythologie grecque, Pygmalion, un sculpteur chypriote, est tombé éperdument amoureux de sa création : une statue d'ivoire nommée Galatée. Grâce à Aphrodite, déesse de l'amour, la statue est amenée à la vie et Pygmalion l'épouse.

L'effet Pygmalion est ce qu'on appelle une prophétie autoréalisatrice. Plusieurs expériences ont été menées, notamment dans le milieu scolaire. La plus connue est celle de Robert Rosenthal, chercheur en psychologie sociale, et Lenore Jacobson, directrice d'école à San Francisco : dans les années 1960, ils ont fait croire à un groupe d'enseignants qu'ils avaient dans leur classe quelques élèves particulièrement brillants. En réalité, ces élèves ont été choisis totalement au hasard par les chercheurs.

Conclusion : en fin d'année, ces élèves, soi-disant plus brillants, avaient obtenu de bien meilleurs résultats que les autres, répondant ainsi aux attentes de leurs professeurs.

D'autres expériences sociales ont tiré la même conclusion : un degré élevé de confiance en la réussite d'un élève améliorerait ses chances de réussite. Le regard d'une figure d'autorité aurait donc une influence sur la réussite et l'estime d'un enfant.

En bref, ce ne sont pas les origines sociales mais l'étiquette qu'on colle sur l'enfant qui va orienter de manière positive ou négative ses performances scolaires. Ces fucking étiquettes.

Partant de ces conclusions, on peut aisément envisager que cet effet Pygmalion s'applique aussi à la famille ! Le simple fait de montrer à son enfant que l'on croit en ses chances de réussir influence ses performances. Si la bienveillance et l'amour inconditionnel sont au cœur de l'éducation, l'émergence de croyances positives par rapport à soi et aux autres est favorisée, ainsi qu'une meilleure estime et confiance en soi. Basique.

« Dès que les professeurs commencèrent à le traiter en bon élève, il le devint véritablement : pour que les gens méritent notre confiance, il faut commencer par la leur donner. »

Marcel Pagnol,

un mec qui a fait plein de trucs, des livres, des films, peut-être même une bouillabaisse…

Ma peur de manquer

Mon arrière-grand-père maternel était fils de diamantaire. Riche. Genre, châteaux et compagnie. Genre, on fournit les diamants de la couronne d'Angleterre. Genre, méga riche. On est fin 1800. Un soir, par « hasard », mon arrière-grand-père (qui s'appelait Gustave) découvre le théâtre… et mon arrière-grand-mère par la même occasion. Son choix est fait : il sera comédien. Et accessoirement, banni de sa famille. Papa diamantaire n'a pas apprécié que son fils devienne un saltimbanque. « Nan, mais la grosse honte, quoi ! » a-t-il (peut-être) déclaré. Gustave n'aura pas un diamant, pas un château, que dalle. Mais il y aura le théâtre ambulant et les roulottes. Et puis il y aura les enfants, dont mon grand-père (et ma grand-mère qu'il rencontrera), qui seront tous comédiens ambulants. Par contre, pour l'argent, on repassera. Une tante m'a raconté que la famille mangeait parfois les restes que les chiens avaient eus de voisins. Les restes des chiens. On est très, très loin des diamants. Ma mère naîtra une fois cette aventure terminée.

Du côté de mon père, il y avait un cruel manque d'argent… Pour décrire la vie de ma grand-mère paternelle petite, ma mère m'a toujours dit : « Tu vois Cosette ? Ben, la même chose. » On a l'image. Ils étaient pauvres et la vie n'a pas arrangé les choses. Le frère de mon père me disait qu'enfants, ils crevaient de faim. Ce sont ses mots. Voilà, ça, c'est le point de départ de ma famille. Du moins, celui que je connais. Ces gens ont forgé leur perception de l'argent à partir de leur histoire.

Toutes les familles ont une définition de l'argent tirée de leur propre histoire. Il est fort probable qu'une famille fortunée qui s'est déchirée à cause de l'argent comme celle de mon arrière-grand-père en ait une vision très négative. Pauvre comme riche, la vision de l'argent est toujours un héritage familial. Inconsciemment ou non, elle est transmise. Pauvre comme riche, cette vision peut être négative. À nous de la remettre en question…

L'argent a (très) longtemps été une angoisse pour moi. Une angoisse permanente, directement héritée de l'histoire de mes parents : à 25 ans, ils ont décidé d'entreprendre en ouvrant une crémerie qui a fait faillite lorsque les gros supermarchés sont venus s'installer à proximité. Le géant a battu le petit commerçant. De cette situation dramatique ont découlé de nombreuses difficultés financières dont mes parents ne verront le bout que trente ans plus tard, mais également une perte de confiance, une colère, un sentiment d'injustice...

Fun fact : quand j'étais petite, on a vécu pendant quelques mois dans une caravane… Et aujourd'hui, je ne peux m'empêcher de faire le rapprochement avec les roulottes de mes grands-parents… Répétition de schéma ou hasard, je ne sais pas, mais la réflexion m'amuse.

Au travers de leurs histoires respectives et de leurs épreuves, mes parents ont développé, en toute logique, un rapport compliqué avec l'argent : « L'argent est un problème pour tout le monde », « L'argent est une bataille de toute une vie », « Tout le monde court après l'argent »… sont des exemples de phrases que j'ai souvent entendues. Ici encore, aucun jugement, ils ont construit leurs propres croyances comme ils ont pu. L'idée, ce n'est pas de remettre en cause leur conception de l'argent, mais de savoir ce que j'en fais, moi, de cette conception. Est-ce que j'y adhère automatiquement ? Est-ce que je la partage ? Et si je prenais un peu de recul pour me faire ma propre opinion ?

Ma mère m'a raconté que les soucis d'argent existaient déjà quand elle était enceinte de moi. Un peu moins fun fact : quand j'étais bébé, je n'avais pas de chambre, je dormais dans la cuisine. Puis la cuisine a migré dans le garage qui ne formait qu'un seul et même lieu, ma mère cuisinait à côté de la voiture. Et nous avions une pièce principale composée d'une table, de quatre chaises et d'un transat de jardin en guise de salon. En écrivant cela, je ne peux pas m'empêcher d'en rire ! Finalement, c'est quand même un peu un fun fact. Qu'on se rassure, aujourd'hui, ils ont une belle maison avec douche à l'italienne et volets électriques. Des volets électriques… On en était tellement loin.

J'ai connu la faillite du magasin puis la descente aux enfers durant les trois premières années de ma vie. Il est évident que ma représentation de l'argent a commencé à se modeler dès ces premiers instants.

J'ai donc grandi avec la peur du manque. Tout s'est évidemment amplifié le jour où j'ai pris mon indépendance, vers 19-20 ans. Mon « indépendance », tu parles ! J'ai inconsciemment répété des schémas, j'ai pris des décisions qui m'ont mise « dans la merde » et fait passer sous le seuil de pauvreté. J'ai inconsciemment reproduit quelque chose que j'avais déjà vécu. Vivre dans le confort, je ne connaissais pas. Vivre dans la loose, ça, je voyais parfaitement ! Et je ressentais évidemment beaucoup de colère à l'égard des gens de mon âge qui « étaient pétés de tunes ».

Néanmoins, et malgré l'expérience malheureuse de mes parents, je me suis toujours destinée à une carrière artistique. Pourquoi ? Pourquoi ce choix de vie si incertain qui ne rassure en rien ma peur de manquer ? Et encore moins mes parents ! À 13 ans, je savais déjà que je serais comédienne, à 19 ans, que je serais aussi autrice. Ce sont des métiers qui peuvent être très instables financièrement, pourtant, je les ai tout de même choisis et n'ai jamais lâché mon rêve. Alors pourquoi ? Ma peur de manquer, c'est mon mental. Mon rêve, c'est mon cœur. Ego *vs* cœur.

Et j'imagine que l'idée de ne jamais réaliser mes rêves était encore moins concevable que l'idée de manquer. Je savais que je gagnerais ma vie avec la création.

Gagner sa vie… Curieuse expression. Et si on ne la gagne pas, on la perd ? On meurt ? Ma peur de manquer est-elle directement liée à une angoisse de mort ?

Plus j'avançais dans la vie et plus je soulevais des questions. Plus je soulevais des questions et plus je comprenais que ma représentation de l'argent ne m'appartenait pas. On me l'a donnée en héritage mais j'ai le droit de ne pas y croire et d'avoir la mienne. Si bien qu'un jour, j'ai décidé de ne plus avoir de problèmes d'argent. Oui, je sais, ça paraît bête et simple mais ça a commencé comme ça : par une décision ! Ou plutôt une prise de conscience pour commencer.

La fois où j'ai eu un déclic...

Pour être précise, il y en a deux qui m'ont marquée.

J'ai eu un premier déclic un jour que j'étais à la caisse d'un supermarché (ce même genre de supermarché qui avait causé la perte du magasin de mes parents). J'ai entendu l'hôtesse de caisse me dire : « Votre carte ne passe pas. » Encore une fois. Mais cette fois-ci, je me suis vue. J'ai eu l'impression d'avoir une autre moi qui regardait la scène et qui se disait : « Ça suffit. » « That's enough. » Ouais, je me le suis dit en anglais, c'était plus stylé. Je ne saurais dire exactement ce qui s'est passé dans ma tête, pourquoi c'était la fois de trop. En tout cas, je ne voulais plus être cette personne qui doit laisser ses courses à la caisse par manque d'argent, je ne voulais plus être celle qui galère tout le temps, je ne voulais plus hésiter entre deux shampooings parce qu'il y a 30 centimes d'écart (comme j'ai malheureusement vu ma mère le faire à maintes reprises), je ne voulais plus être cette personne qui ne rejoint pas ses amis au restaurant parce que « j'ai pas une tune ». Ça, c'était le premier déclencheur. Ma décision était prise mais mes angoisses étaient toujours bien présentes.

Le deuxième déclic a eu lieu début 2016. Et ça s'est imposé à moi… Fin 2014, je perds mon statut d'intermittente du spectacle, je n'ai pas réussi à avoir suffisamment de contrats pour obtenir le graal. Je précise que c'était une peur absolue pour moi de perdre ce statut… et je l'ai perdu. Coïncidence ?

Je n'avais plus aucune rentrée d'argent. Keyvan a donc assuré la totalité des dépenses pendant des mois. Tu vas me dire : « Bon, c'est des choses qui arrivent ! Un couple, c'est ça aussi, ça s'épaule dans les moments difficiles, etc. » Bien sûr ! Et je suis restée positive pendant ces mois. Je traduis : je gardais toutes mes pensées négatives pour moi. Et tu penses bien que vu mon vécu, je n'étais absolument pas sereine. Je faisais semblant d'aller bien, je mentais et je me mentais. Mais au fond, je vivais dans la peur. Tous les jours.

En septembre 2015, mon arrivée sur YouTube m'a permis de revoir apparaître de l'argent sur mon compte en banque. Mais il a fallu attendre janvier 2016 pour que j'assume enfin l'inquiétude perpétuelle avec laquelle j'avais vécu durant presque un an. Je disais que ça s'est imposé à moi puisque mon corps a lâché. Tu peux te mentir mais tu ne peux pas mentir à ton corps. Un soir de janvier, j'étais en voiture avec Keyvan (qui conduisait) et mon petit frère à l'arrière. On venait de quitter Dunkerque (y avait-il un lien ? je l'ignore) en direction de Paris. Au bout d'un quart d'heure, je sens que quelque chose ne va pas : je tremble, j'ai du mal à respirer. Et je dis aux garçons : « Je me sens mal, soit je fais une crise d'asthme, soit une crise d'angoisse, soit une crise d'asthme qui m'angoisse. » J'arrivais à identifier à peu près ce qui était en train de se passer mais je ne m'attendais pas à ça. J'ai commencé à étouffer et à me dire : « On est bloqués sur l'autoroute, loin d'un hôpital, c'est horrible, je pourrais mourir ! » Je n'arrivais plus à parler tellement l'angoisse me gagnait. Keyvan a quitté l'autoroute pour se poser sur une aire de repos et à peine s'est-il garé que j'ai explosé : des hurlements « d'outre-tombe », des râles dignes d'un animal, dignes d'un film d'horreur même, sont sortis de ma bouche.

Jamais je n'avais eu ça de ma vie. Je me rappelle avoir entendu Keyvan dire : « Ah oui, fallait que ça sorte. » Je tremblais de la tête aux pieds, j'avais mal partout. Puis cette angoisse s'est transformée en crise de tétanie, je ne pouvais absolument plus bouger. Je regardais mes doigts crochetés telle une sorcière et je hurlais encore plus. J'avais littéralement peur de rester comme ça. Terminées les photos glamour ! Tout dans cette situation m'effrayait au plus haut point. Mon frère et Keyvan sont restés très calmes, me rappelant qu'il fallait que je laisse aller, que ça sorte, que je m'autorise enfin à le faire. Peu à peu, ma respiration est devenue plus calme, mes doigts se sont détendus et j'ai fini par pleurer à n'en plus finir. Plus de cris, juste des larmes. Tout est sorti. Et à la fin, j'ai eu une soudaine envie de faire pipi comme si je m'étais retenue depuis trois jours.

Nous sommes repartis et je suis rentrée épuisée. Je pensais que c'était fini, mais le lendemain, j'ai recommencé une crise que j'ai su identifier avant que ça n'empire. Je suis allée voir mon médecin qui m'a donné un mélange de Xanax et Stilnox. C'est-à-dire un anxiolytique et un somnifère puissant. Comment j'en étais arrivée à me mettre dans un état pareil ? Qu'est-ce que j'avais fait ou pas (encore) fait ? Avec les médicaments, j'ai dormi, je me suis détendue mais j'avais parfaitement conscience qu'ils n'allaient pas me sauver. Il fallait que je comprenne des choses, que je ne laisse plus mon passé se jouer au présent et réveiller de vieilles angoisses et que j'accepte mon ressenti : un cocktail de peur, de culpabilité (vis-à-vis de Keyvan notamment) et de tristesse enfouie. Cet épisode a été un des évènements qui m'ont réveillée.

Je ne voulais plus être cette personne qui a peur, je voulais être libre. Mais pour me libérer, il fallait d'abord que je me libère de mes vieilles croyances. Sans ça, je ne serais jamais totalement libre.

Ok, concrètement, qu'est-ce que je fais ?

J'ai commencé par arrêter de me percevoir comme une petite fille pauvre issue d'une famille très très modeste et de penser que c'était une fatalité. Stop. Je ne veux plus y croire. Je me suis répétée, répétée et répétée que ces croyances n'étaient pas les miennes. Que cet héritage de pensées négatives ne m'appartenait pas non plus. Qu'on pouvait vivre différemment. Que beaucoup de gens vivent différemment, donc c'est possible. Et que je méritais autre chose. Je méritais par exemple d'acheter le shampoing à 30 centimes plus cher parce que c'est celui que je voulais vraiment.

J'ai ensuite appris à me détendre à chaque dépense. Dépenser sans tension. (Dé-penser, pardon pour la psychologie de comptoir.) Chaque fois que j'allais faire mes courses, je m'enracinais dans le sol, je prenais une grande inspiration et je soufflais en imaginant toutes les pensées négatives liées à l'argent sortir par ma bouche. Et je payais. Avec les gens derrière qui devaient se dire : « Mais qu'est-ce qu'elle fout ? » Elle dépense sans tension, voilà ce qu'elle fait. Il m'arrive de le faire encore.

L'étape d'après, ça a été de mettre du plaisir dans la dépense. Ne plus voir l'argent comme quelque chose qui part mais voir le cadeau qui me revient. Je n'achète pas, je m'offre quelque chose. Je ne paie plus ma facture d'électricité, je m'en offre. Je ne paie plus mon loyer, je m'offre un toit. Encore une fois, changement de point de vue. J'ai eu un déclic quand j'ai fait appel pour la première fois à une femme de ménage. Dans ma famille, on n'a jamais eu de femme de ménage, c'était « un truc de bourges ». Je me disais : « Maud, vraiment ? Tu ne peux pas laver chez toi ? » Et chaque fois que je nettoyais, je culpabilisais parce que pendant ce temps, je n'avançais pas mon travail qui attendait. Mais je culpabilisais aussi à l'idée de dépenser de l'argent. Et j'anticipais également la réaction des gens : « Que vont-ils penser de moi ? » (On reviendra également sur la peur du regard de l'autre.) Bref, un beau bordel mental !

Et un jour, une amie m'a dit : « Je ne vois pas le problème, non seulement tu donnes du travail à quelqu'un mais en plus, tu t'offres du temps. » M'offrir du temps. Je voyais ça comme une dépense sans voir le cadeau. C'était évident. Et c'est comme ça que j'ai rencontré Nora. Pour la petite histoire, Nora signifie « lumière » en arabe. J'ai fait entrer la lumière chez moi…

Il y a autre chose que j'aime faire, c'est me demander : si j'enlève l'argent de l'équation, autrement dit de ma décision à prendre, qu'est-ce que je fais ? Ça m'aide à y voir plus clair. Ce n'est pas pour cette raison que je vais forcément craquer sur le dernier Louis Vuitton mais ça me permet de déchiffrer mes pensées.

Mes croyances sur l'argent ont totalement évolué. Et si mes angoisses reviennent, je sais quoi faire pour ne pas user de vieux réflexes.

Le terme exact, c'est « automatisme ».

Tu permets ? C'est MON angoisse !!!

Je trouve également intéressant de me demander, de manière plus profonde, ce que représente l'argent pour moi. Quel mot j'accole à l'argent ? Et qu'est-ce qui est lié à ma peur de manquer ? Je parlais plus haut de l'expression « gagner sa vie » : j'ai compris que ma peur de manquer est directement liée à une angoisse de mort, à un sentiment d'insécurité. « Gagner sa vie par peur de la perdre. » Et souvent, cette peur est aussi associée à une absence d'estime pour soi. Le mot « valeur », d'ailleurs, prend tout son sens. Apprendre à m'aimer a changé beaucoup de choses…

Aujourd'hui, j'ai envie de transmettre à mon fils la vision de l'argent qui me semble être la plus saine possible : l'argent est un moyen. Il peut te servir à te faire plaisir et à faire plaisir aux autres, y compris à des gens que tu ne connais pas. Il peut t'aider à réaliser tes rêves et même ceux des autres. Mais il ne doit en aucun cas servir de mesure de valeur humaine. Jamais. Tu trouveras des personnes riches magnifiques et des personnes merveilleuses sans le sou. Parce que l'argent ne t'apprendra ni l'amour ni la bienveillance ni la sagesse.

Dans tout ce parcours, il a été indispensable de faire ce dont je parlais précédemment : « des infidélités à ma famille », chapitre abordé plus loin.

« Si l'argent est votre espoir d'indépendance, vous ne l'aurez jamais. La seule vraie sécurité qu'un homme aura dans ce monde est une réserve de connaissances, d'expérience et de capacité. »

Henry Ford,

un mec blindé.

Mon père avait une expression irano-anglaise : « No Poul, no doul », qui signifie « Pas d'argent, pas de zizi ».

Toujours cette histoire de poule alors...

Aaah !

Keyvan, on est quand même sur un basique là !

Un point sur la respiration

Allez, une petite pause s'impose. Parce que la respiration, aussi banale soit-elle, possède un super pouvoir.

Respirer, c'est naturel et instinctif, on le fait toute la journée sans y prêter attention. Tu oublies. Et heureusement, parce que si tu devais penser à respirer, ce serait problématique ! Pourtant, conscientiser sa respiration est un merveilleux moyen de lâcher les tensions. C'est même, selon nous, le premier outil à utiliser.

Il existe deux principales sortes de respirations : la respiration thoracique et la respiration abdominale.

La respiration thoracique peut être une transcription de la peur, du stress… Elle peut provoquer une sensation d'inconfort et n'utilise qu'environ 30 % de notre capacité respiratoire.

La respiration abdominale est liée au calme, à la détente. C'est notre respiration première, notre respiration de bébé. Elle stimule la circulation sanguine, régule le rythme cardiaque, favorise l'oxygénation des cellules. Et c'est un massage naturel de ton abdomen.

Il ne s'agit pas forcément de bannir la respiration thoracique mais d'allier les deux.

Un exercice tout con est de poser ta main sur ton ventre, d'inspirer et de gonfler ton ventre d'air, de laisser l'air ensuite gagner tes côtes qui vont s'écarter doucement. Attention, tu dois inspirer sur 4 temps et souffler sur 8 en chantant la « Macarena » dans ta tête sinon, ça ne marche pas. Non, pas du tout ! Tu adaptes tes temps mais c'est vrai qu'expirer plus longtemps qu'inspirer est bénéfique. Tu peux aussi remarquer que l'air est plus frais quand il rentre, plus chaud quand il sort. Bref, tu conscientises ta respiration.

Les exercices de respiration se sont démocratisés au fil des années et de nombreuses méthodes se sont développées, comme la cohérence cardiaque, la méthode 4, 2, 8 (inspirer sur 4 temps, retenir sur 2 temps, expirer sur 8 temps), la respiration alternée, etc. Mais de manière plus basique, inspirer et expirer un bon coup en gardant les épaules basses, ça fait un bien fou ! Cette respiration consciente, tu peux la faire absolument quand tu veux : au travail, à l'école, dans le métro, dans une salle d'attente, bref n'importe quand et n'importe où. Si tu as le temps, tu peux même prendre quelques secondes pour le faire maintenant. Les bienfaits sont indéniables.

La fois où j'ai compris les effets bénéfiques de la respiration…

J'ai un souvenir très précis de la première fois où j'ai compris le pouvoir de la respiration. J'avais 11 ans et c'était lors d'un rassemblement scolaire, une sorte de fête de l'école au mois de juin. Tous les élèves du collège et les parents d'élèves étaient présents. Il était prévu que je fasse une petite intervention sur scène, pas grand-chose mais suffisamment pour m'impressionner. Je me rappelle que le matin, je n'avais pas réussi à manger. Dans la salle, j'écoutais les autres élèves sur scène avant mon passage et j'ai commencé à avoir la tête qui tourne et la respiration qui s'accélère. Je pense que j'ai fait une petite crise de panique. Une adorable prof de sport, Madame Martin, a vu mon état et m'a emmenée dehors. La honte, évidemment, de passer devant tout le monde.

Arrivée sur le parvis de la salle, cette prof m'a assise sur un banc et m'a demandé de calmer ma respiration en inspirant et expirant le plus longtemps possible. Je me souviens qu'elle me disait : « Essaie de garder tes épaules basses. » Elle m'a aussi demandé d'écouter les cris des oiseaux, le bruit de la ville, de prêter attention au soleil. C'est la première fois que j'apprenais à me calmer en me recentrant sur mon souffle et sur ce qui m'entourait. Et ça a marché. Peu à peu, j'ai repris des couleurs, j'ai senti mon cœur ralentir sa cadence. Aujourd'hui encore, il m'arrive de me remémorer sa voix lorsque je me recentre sur ma respiration. Madame Martin ne le sait pas mais son intervention a eu un vrai impact sur la suite, une vraie prise de conscience.

Les émotions « négatives »

J'ai volontairement mis le mot « négatives » entre guillemets, tu vas comprendre pourquoi… Quel suspense insoutenable !

Un mot sur la tristesse

J'ai grandi dans une famille où il est difficile d'exprimer ses émotions. Enfin, non, pas ses émotions mais UNE émotion : la tristesse. Parce que la colère, par exemple, on y arrive très bien ! Un des jeux favoris de ma mère s'appelle « pester sur le gars qui a klaxonné alors que le feu vient à peine de passer au vert ». Le jeu est super pratique, tu peux jouer n'importe où et il s'adapte à de nombreuses situations. Blague à part, on est bien d'accord que souvent, cette colère, que je qualifierais de « superficielle », est ancrée plus profondément mais ressort dans des situations quotidiennes. On reviendra dessus.

La colère est une émotion très présente chez les femmes de ma famille. Ma grand-mère était colérique, ma tante aussi (recoucou tatie Odette !), ma mère porte également cette sorte de colère familiale. Quant à moi, je l'ai eue en héritage aussi mais j'ai beaucoup œuvré pour qu'elle ne m'encombre plus dans la vie de tous les jours. La colère qui m'intéressait vraiment, c'est celle qui prend sa source ailleurs. C'est celle qui me fait du mal. Et une question m'a beaucoup aidée : « Que cache cette colère ? » Oui, parce que j'ai toujours eu la conviction que ma colère cachait en réalité une autre émotion…

Je peux dire un mot ? C'est ce qu'on appelle une émotion racket. C'est-à-dire une émotion qui prend la place d'une autre quand la personne ne s'autorise pas à exprimer ce qu'elle ressent.

Je te donne un exemple : un enfant échappe à la vigilance de sa maman et traverse la rue sans surveillance. Potentiellement, il s'expose à un danger. Heureusement, sa mère lui court après et le rattrape. Mais au lieu de lui exprimer sa peur, de lui expliquer calmement le danger et de le rassurer, elle le réprimande de manière démesurée devant tout le monde. L'expression de cette peur (qui cache, bien entendu, l'amour pour son fils) a été détournée : cette maman est passée inconsciemment par un autre chemin, une autre émotion. La colère. Moins adaptée à la situation. Ça te parle ?

Pas du tout. Bon d'accord, il a absolument raison. Et dans mon cas, que cachait cette colère ? Pratiquement toujours l'émotion que l'on a le plus de mal à exprimer dans ma famille : la tristesse. Comme si pleurer était un aveu de faiblesse. Comme s'il fallait absolument rester fort en dépit des évènements difficiles de la vie. Mais peut-être que cacher sa tristesse était l'expression d'un instinct de survie ? « Si je laisse ma tristesse venir, ça veut dire que je reconnais vraiment tout ce qui se passe et je m'effondre ? »

En tout cas, je n'ai jamais vu mon père pleurer, et rarement ma mère, malgré les mille occasions qui se sont présentées. Je n'ai jamais vu non plus ma tante, mon oncle, mes grands-parents pleurer, personne. J'imagine aisément que leurs parents à eux ne devaient rien montrer non plus de leur tristesse. Tout ceci ne sort pas de nulle part, bien entendu.

Je comprends aujourd'hui que pleurer devant son enfant puisse être délicat mais je ne les ai jamais entendus dire non plus « je suis un peu triste ». Pourtant, les enfants sont plus fins et sensibles que ne le pensent les parents. Ils comprennent bien que tu ne vas pas bien. Je comprenais bien quand mon père ou ma mère n'allait pas bien. Je le voyais mais je ne comprenais pas l'émotion qui s'accordait à ce mal-être. J'ai donc grandi avec la croyance qu'il ne faut pas pleurer. On ne pleure pas, on feint la joie. Alors que personne ne m'a jamais dit ça ! Mon père et ma mère ne m'ont jamais interdit de pleurer mais c'est le message que j'ai inconsciemment traduit. Je ne m'autorise pas à pleurer, je retiens, je ravale mes larmes. Mais j'ai eu beau ravaler toutes les larmes que je voulais, je ne les digérais pas pour autant. Les larmes ravalées ne se digèrent jamais. Et à force, elles se transforment en colère.

*Les larmes ravalées
ne se digèrent jamais.*

C'est un super titre d'album !

Je suis intimement convaincue que si, enfant, tu ne vois jamais tes parents pleurer ou du moins, admettre leur tristesse, tu ne sauras pas reconnaître la tienne. Cacher sa tristesse ne protège pas nos enfants. J'en suis convaincue, pourtant je suis la première à le faire instinctivement avec mon fils ! Comme si je ne voulais pas lui transmettre ma tristesse afin qu'il ne soit que joie. Pourtant, reconnaître ma tristesse, même s'il ne me voit pas pleurer, c'est lui permettre de reconnaître et d'accepter la sienne. Attention, il n'est pas question de lui raconter en long, en large et en travers les origines de ma tristesse : « Ben tu vois, la dernière fois, j'étais au téléphone avec l'Urssaf… », non, ce n'est pas mon pote, c'est mon enfant. En revanche, lui montrer ma vulnérabilité, oui. De plus, pour lui, après le chagrin, il y a consolation. Bref, mon intention est de lui créer une « image positive » de la tristesse. C'est bizarre dit comme ça, mais c'est l'idée. Lui montrer que ressentir de la tristesse est normal et qu'il faut lui laisser sa place.

Voilà, on y arrive : lui laisser sa place. La tristesse, plus tu la chasses et plus elle revient. Plus tu refuses de lui ouvrir la porte et plus elle toque. Et si tu ne lui ouvres pas, elle laisse sa place à une autre émotion, cette fameuse émotion racket dont Keyvan parlait.

Ce n'est pas un hasard si on a besoin d'écouter des chansons tristes par moments ou de regarder des films qui font pleurer : la tristesse a besoin de sortir. Qui n'a jamais dit : « Ça m'a fait du bien de pleurer » ?

Rambo, je crois qu'il ne l'a jamais dit.

La tristesse est considérée comme une émotion « négative » alors qu'elle est bénéfique, elle amène une vraie prise de conscience.

Ok, mais je fais quoi de ma tristesse quand elle survient ?

Si je reprends les idées évoquées précédemment, il était question d'accueillir ses pensées. Pour les émotions, c'est la même chose. Les accueillir, les accepter. Et ça, ça a été plus dur.

Je me souviens parfaitement de la période durant laquelle mes années de déni de tristesse m'ont rattrapée…

La fois où j'ai laissé sortir ma tristesse

Quand je suis arrivée au cours Florent à Paris, j'avais 21 ans. J'avais passé vingt et un ans à ravaler mes larmes. Ce n'était pas la première fois que je montais sur scène puisque j'ai commencé le théâtre à 13 ans, mais c'est la première fois que je m'investissais autant. Je choisissais systématiquement de jouer des personnages empreints de nostalgie ou profondément malheureux. Je ne le faisais pas consciemment mais je pense que j'en avais besoin à ce moment-là. Les personnages se mêlaient à moi et je me permettais un lâcher-prise sur cette émotion que je ne m'autorisais jamais dans la vie. J'avais ouvert les vannes. Si bien que je pleurais tout le temps sans savoir exactement pourquoi. Je me rappelle marcher seule dans les couloirs du cours Florent, m'asseoir, pleurer sans identifier la cause et repartir. Comme si toutes les larmes ravalées au cours de ma vie avaient enfin trouvé l'occasion de sortir. « Les filles, c'est now or never ! » J'avais posé un couvercle sur mes émotions pendant tellement longtemps qu'elles ressortaient puissance mille. Un trop-plein. Le théâtre me permettait d'être entièrement moi-même et d'accepter cette tristesse.

Mais même si j'étais à l'aise avec mes émotions sur scène, je restais incapable d'admettre ma tristesse quotidienne auprès des autres élèves. Puis un jour, j'ai craqué et j'ai raconté à mon prof à quel point j'étais en souffrance, moi qui étais d'ordinaire si « joyeuse » ! Et il m'a dit quelque chose qui m'a ouvert les yeux : « Mais peut-être que tu n'es pas uniquement cette fille joyeuse ? Peut-être que tu as aussi une partie de toi qui est triste. Et la première chose à faire, c'est d'accepter aussi cette fille. » Ouaaahh ! Aujourd'hui, ça me paraît logique, mais à l'époque, ça m'a retourné le cerveau. Accepter cette partie de moi. Accepter. Il avait entièrement raison.

L'acceptation est le premier pas vers la lumière… Mais il me faudra encore quelques années avant d'arrêter de dénigrer systématiquement ma tristesse quand elle n'a pas un point d'ancrage fort. Je vais même aller plus loin : quand je ne l'estime pas suffisamment « légitime ». Je sais parfaitement d'où vient cette façon de m'autocensurer et je pense à une image en particulier : celle d'un repas de famille durant lequel j'ai voulu raconter mon mal-être à mes parents sauf que ce jour-là, les infos parlaient malheureusement d'un accident d'avion. Des centaines de morts, des familles dévastées restées au sol et une cellule psychologique mise en place. Et mes parents ont eu cette réaction qui m'a instantanément bloquée : « Je me demande comment ils ont fait pendant la guerre sans cellule psychologique, parce qu'ils en auraient eu bien besoin ! » Guerre, accident d'avion *vs* moi. Moi qui étais en train de réaliser mon rêve à Paris. Comment pouvais-je leur parler de mes états d'âme alors que ceux des autres étaient plus légitimes que les miens ? Ici encore, personne ne m'a demandé de me taire, c'est un message que j'ai traduit toute seule : je ne me suis pas sentie légitime, je ne me suis pas autorisée. Donc, en plus d'être triste, je culpabilisais. Fucking culpabilité, comme si c'était pas déjà suffisant !

Malgré tous mes efforts pour cacher mon vague à l'âme, mon corps me trahira : plus le temps passait et plus je maigrissais. J'ai fini par atteindre 42 kg. Je ne pouvais plus mentir ni me mentir. Ma mère, apeurée, m'a emmenée chez le médecin. À cette époque, il ne nous serait jamais venu à l'esprit de faire appel à un psy. Le médecin, comprenant à travers mon discours et mes larmes aux yeux que le mal est ailleurs, prononcera cette phrase qui glacera ma mère sur place : « Maud, avez-vous des envies suicidaires ? » Je revois encore les yeux écarquillés de ma mère qui attendaient une réponse : « Non, je n'avais aucune envie suicidaire. » Par contre, une envie phénoménale, vitale même, de m'exprimer, ça, oui.

Peu à peu, j'ai réussi à admettre cette tristesse. Je n'ai presque pas eu le choix, mon corps entier me le demandait. J'ai réussi à me dire : « Maud, tu as le droit d'être triste » et j'ai accepté cette partie de moi qui méritait aussi sa place. L'écriture m'a énormément aidée et m'aide encore énormément, mettre mes émotions au service d'une histoire est un formidable exutoire.

Aujourd'hui, j'accueille ma tristesse plus facilement même si, par moments, j'ai encore envie de lui clouer le bec. Mais je l'accepte. Autrement dit, je m'accepte. Récemment encore, je ressentais une colère. Mais à la suite d'un rêve éloquent, j'ai compris que ma colère s'avérait être de la tristesse. Encore et toujours. Et pourtant, je reste surprise. J'étais perturbée parce que je n'avais pas de point déclencheur concret. Je n'en connaissais pas la raison consciente.

Il y a quelques années, j'aurais dit : « Je suis triste mais sans aucune raison » et j'aurais refermé le couvercle jusqu'à ce que ça déborde. Aujourd'hui, je n'ai plus aucun problème à reconnaître qu'il y a une raison. Une raison inconsciente mais une raison quand même. Il y en a toujours une, la tristesse n'apparaît jamais par hasard. Il y a toujours un message derrière. Donc je l'accueille, tel un petit oiseau sans défense. Je l'accueille sans la juger, elle a sûrement quelque chose à m'apprendre.Aussi douloureuse soit-elle, la tristesse n'est jamais négative. D'où la présence de guillemets au début. Aaaah, c'était donc ça !

Dans ce livre, loin de nous l'idée de se forcer à être positif tout le temps, nous ne sommes pas des super-héros.

Moi un peu quand même…

Si tu es triste et que t'as envie d'éplucher la gueule à la moindre personne qui te dit « faut voir le positif », si cette tristesse prend tout ton être, laisse-la ! Et c'est la même chose pour les autres émotions.

Un mot sur la colère

À titre personnel, je classe la colère à part parce que, pour moi, c'est une émotion particulière : c'est du négatif sur du négatif, comme si on s'infligeait quelque chose en plus.

Je parlais de la colère familiale dont j'ai hérité également : plus le temps passait et moins je supportais de me voir m'emporter pour des choses qui ne sont pas déterminantes ou contre lesquelles je ne peux rien. Un des outils qui m'ont beaucoup aidée, c'est de différencier les colères « quotidiennes » des autres et les faits des interprétations.

Me mettre en colère parce qu'il pleut ou parce que je suis bloquée dans un bouchon à cause d'un accident, c'est une interprétation. Les faits, c'est « il fait beau » et « y'a un bouchon ». Point. Vais-je me mettre en colère ? Vais-je m'infliger ça ?

Encore une fois, je ne suis pas Wonder Woman ! Bloquée dans un bouchon, ma première réaction risque d'être la colère. L'idée, c'est pas de se forcer à rien ressentir, c'est de conscientiser ce que je suis en train de ressentir. Maintenant que j'ai conscientisé ça, maintenant que je sais que ma colère ne fera pas avancer les voitures ou arrêter la pluie, est-ce que je continue ? Est-ce que je nourris cette colère ? No way. C'est à ce moment-là que je vais commencer par respirer, par me recentrer sur mon souffle. Que je vais regarder par la fenêtre pour voir s'il y a des jolies choses à regarder (moins évident à faire sur le périph parisien, on est d'accord). Que je vais mettre de la musique, un podcast, optimiser ce temps pour faire quelque chose de constructif.

Ça marche aussi dans d'autres situations :

Ouais, quand je m'énerve, je peux devenir grossière...

Aujourd'hui, je ne m'exaspère plus s'il pleut dehors (parce que je n'y peux rien). De même que le « gars-qui-a-klaxonné-alors-que-le-feu-vient-à-peine-de-passer-au-vert » ne me déclenche plus de colère. Il ne me fait ni chaud ni froid. Pour aller plus loin dans mon propos, j'en ai clairement rien à foutre. J'en ai rien à foutre s'il estime que je n'avance pas assez vite, c'est son point de vue, pas le mien. His problem, not mine. (« Ouah ! Maud, tu es bilingue ? »)

Néanmoins, et au même titre que pour la tristesse, on ne répétera jamais assez l'importance d'accepter ton émotion : la colère doit sortir, sors-la ! Si tu dois taper sur des coussins ou aller hurler sur une plage à Dunkerque, fais-le !

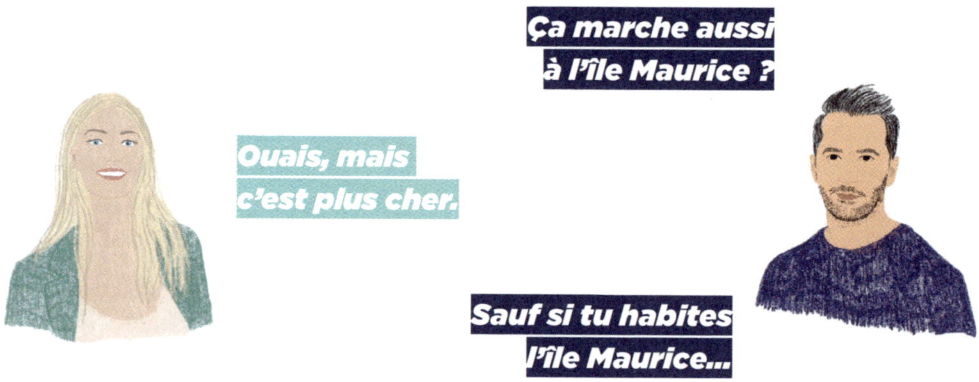

Je me permets d'intervenir de nouveau parce que tu parlais de colère familiale. Dans ma famille, côté maternel, c'est aussi un mode de communication très établi dont j'ai partiellement hérité.

Pendant toute une partie de ma vie d'enfant et d'adolescent, j'ai vu ma mère partir au quart de tour et s'emporter dans des colères folles. Parfois contre mon frère et moi, parfois dans des situations banales du quotidien (comme l'histoire des clés perdues décrites plus haut), parfois contre mon père. Ou plutôt avec mon père ! Ouais, faut bien l'avouer, mes parents avaient développé une affection particulière pour la communication « un peu violente ». Ils s'engueulaient souvent, quoi.

Avec le recul, les réactions de ma mère étaient toujours démesurées. Toujours. Alors oui, dans les faits, on peut toujours trouver une « bonne raison » à l'apparition d'une colère. Comme la fois où, de retour d'Allemagne et après trois heures de route, elle a demandé à mon frère (de 8 ans, précisons-le) s'il avait bien pensé à prendre la mallette avec les « trucs hyper importants pour ma réunion de demain » et que mon frère l'avait, malheureusement, oubliée sur place. Tu t'en doutes : il s'est fait dé-fon-cer. Pendant près de 100 kilomètres, elle lui a hurlé dessus. La démesure dans toute sa splendeur. On peut bien entendu comprendre le côté chiant : elle avait une réunion importante, on avait déjà fait 300 bornes. On peut tous envisager ce qui a bien pu se passer dans sa tête. Mais on peut aussi se demander dans quelle mesure elle n'a pas créé elle-même cette situation pour s'autoriser à exprimer cette colère ! Si cette mallette et tout ce qu'elle contenait étaient si importants, pourquoi en avoir confié la responsabilité à son fils de 8 ans ? *Food for thoughts* encore.

Là où je veux en venir, c'est que, parfois, l'expression de nos émotions « négatives » (ici la colère) peut devenir une véritable boucle réactionnelle au monde qui nous entoure. Cela devient un mode de communication systématique et automatisé. C'est une posture défensive de notre ego à l'égard du monde. Bien souvent, ce dernier cherche dans l'environnement les éléments déclencheurs qui l'autorisent à lâcher les chevaux. Et parfois, en l'absence d'éléments déclencheurs dans notre vie, on peut s'en créer. Tout cela est inconscient bien sûr ! Et en mode « pilote automatique ».

Ce qui est sûr, c'est que la démesure de la réaction par rapport à la situation, quelle que soit l'émotion qui s'exprime, est toujours l'indicateur d'un conflit plus profond. De quelque chose qui a besoin de s'exprimer. Parfois, une autre émotion plus douloureuse et enfouie, en rapport avec des évènements non digérés du passé…

Ok, mais je fais quoi de ma colère quand elle survient ?

Si tu es concerné par les réactions démesurées et potentiellement néfastes pour toi ou ton entourage, la première étape est toujours de reconnaître ce qu'il se passe en toi. Ça facilite la conscientisation d'une réaction souvent automatisée, ce qui favorise un changement de position. Tu deviens ainsi le témoin de la situation. Et là, comme l'a dit Maud, se recentrer sur le concret et le réel est toujours un bon moyen de réduire la tension interne. Back to basics : ta respiration. Encore et toujours. En la régulant, tu vas sentir une certaine détente corporelle. Si tu sens que tu repars dans tes pensées et que la tension remonte, pas d'inquiétude, c'est tout à fait normal que ton esprit se mette à refabriquer des scénarios. C'est sa nature profonde. Il te suffit de ramener ton attention sur ton souffle. Recommence autant de fois que nécessaire.

Une fois que tu sens que la crise est passée, reviens sur la situation qui a déclenché la colère : qu'est-ce qui s'est factuellement passé ? Qu'est-ce qui t'a fait sortir de tes gonds ? N'y avait-il pas une réaction plus adaptée ? Cette prise de recul te permet un truc hyper intéressant : faciliter l'ajustement de tes prochaines réactions.

Ce que je décris, je l'ai connu. J'ai connu les excès de colère. J'ai connu les débordements émotionnels à répétition. Aujourd'hui, je sais que mon mental est ce qu'il est : une machine à fabriquer des scénarios toute la journée. Je sais aussi que les vieux démons peuvent ressurgir malgré moi. Ça, je ne peux pas le changer du jour au lendemain. Mais ce que j'ai appris à changer, c'est ma manière d'appréhender et de gérer ces débordements. J'ai compris que j'ai toujours la liberté de choisir la réponse que j'apporte à une situation. Toujours.

Non, c'est pas une fatalité. Il faut juste apprendre à faire autrement et c'est tout à fait possible. Il suffit de trouver les bons outils pour avancer et les mettre en application chaque jour. C'est comme un entraînement physique. Sauf que là, tu entraînes ton esprit. Au fur et à mesure, tu vas même réussir à sentir quand une crise se prépare et tu auras la capacité d'anticiper et de l'endiguer avant qu'elle n'éclate. Pour ma part, l'arme absolue qui m'a permis d'avancer, c'est la pratique quotidienne de la méditation de pleine conscience dont je reparlerai plus loin.

« Puisqu'on ne peut pas changer la direction du vent, il faut apprendre à orienter les voiles. »

James Dean,

un acteur beau gosse.

« Ce ne sont pas les évènements de leur vie qui troublent les humains, mais les idées qu'ils s'en font. »

Épictète,

un philosophe né y'a hyper longtemps, mais moins qu'Horace.

Un mot sur la peur

Ça sert à rien. Voilà. Une autre question ?

Merci Maud, ça aide vachement.

Ok, plus sérieusement, je sais que Keyvan en a un peu parlé dans le chapitre sur le cerveau #MichelCymès. Mais j'ai deux, trois trucs à ajouter.

La fois où j'ai eu une révélation

Je me rappelle, c'était en 2015. À ce moment-là, j'avais perdu mon statut d'intermittente et n'avais plus aucune rentrée d'argent. Une nuit, alors que mes journées étaient régies par la peur, je me suis réveillée en sursaut avec la certitude qu'en fait, la peur ne sert à rien. Enfin si, elle sert si t'es dans une situation d'urgence ou face à un danger. Par exemple, si tu as traversé un peu trop vite le passage piéton et que la dizaine de voitures qui attendaient au feu accélèrent soudain et foncent sur toi, il est possible que tu vois ta vie défiler. Exemple tout de même à situer à Paris, parce qu'à Coudekerque-Branche, tout le monde te laisserait traverser.

Dans la vie de tous les jours, il est rarement question de vie ou de mort. Et pourtant, on peut ressentir la même peur et le même cocktail adrénaline/cortisol. On peut ressentir la même chose en réglant ses impôts, en ouvrant le courrier, en allant au travail, etc. Me concernant, consulter mon compte en banque était devenu très anxiogène.

Pourtant, pour revenir à mon illumination nocturne, ma peur n'y changerait rien. Au même titre que ma colère ne réglera pas l'embouteillage, ma peur ne réglera pas mes problèmes d'argent. La situation était celle qu'elle était (ça, c'est un fait) et j'avais deux possibilités pour la vivre : soit je me laissais envahir par la peur, soit je décidais de vivre plus sereinement. J'ai choisi la deuxième option. Il est évident que ça demande un travail constant ! De respiration d'abord (« Encore ??? » Toujours…) dès que la peur réapparaissait. Et de « redirection vers le concret » ensuite. Oui, parce qu'encore une fois, j'imaginais (enfin, mon ego imaginait) très facilement des scénarios catastrophes qui me resservaient un petit cocktail d'hormones bien sympathiques : « Et si ça durait comme ça pendant des années ? Et si Keyvan en avait marre et me quittait ? Et si… » Maud, on se calme, respire. Rien de tout ça n'existe. T'es dans la merde financièrement ? C'est un fait. Es-tu à la rue ? Non. Vas-tu en mourir ? Non plus. Connais-tu l'avenir ? Toujours pas. Et si je devais me recentrer cent fois par jour, eh bien je le faisais cent fois par jour. Et je me répétais que les problèmes du futur ne me regardent pas.

Les problèmes du futur ne sont pas nos problèmes.

Et voilà ! Là, on a le single de l'album !

J'essayais aussi de voir cette épreuve comme la fin d'un cycle et le début de quelque chose de nouveau (ce qui était le cas). Bref, tout ce qui pouvait m'aider à être la plus sereine possible était le bienvenu. Ça n'a pas toujours été évident, c'était même parfois épuisant et ça n'a pas empêché non plus la culpabilité et la tristesse de refaire surface une fois ma situation réglée. Mais la peur ne rythmait plus mes journées.

Peur ou anxiété ?

Tu permets que j'apporte une petite précision afin d'éviter les confusions ? Il faut bien faire la distinction entre le signal d'alerte face à un danger concret, réel et immédiat, qui peut être ressenti comme de la peur, et cette peur plus « psychologique » que Maud décrit plus haut et qui s'apparente à de l'anxiété.

Revenons aux voitures qui te foncent dessus : dans cette situation, il y a un danger réel. Un enjeu potentiel pour ta vie. Ton cerveau fait instinctivement son travail sans que tu aies besoin de le solliciter consciemment. La libération d'adrénaline met ton corps en tension et élève ton niveau d'attention pour te préparer à gérer au mieux la situation qui se présente. C'est la phase d'alerte décrite dans mon super chapitre sur le cerveau.

Idem quand tu roules sur une route de montagne que tu ne connais pas avec des enchaînements de virages très serrés et pas de barrière de sécurité sur les côtés. Tu vois, ce moment où t'es à deux doigts de te faire dessus ? Là encore, les enjeux de la situation sonnent l'alarme interne qui augmente ta vigilance et ton niveau de présence à la situation telle qu'elle se déploie sous tes yeux.

À ce moment précis, tu es éveillé, pleinement présent. Pleinement vivant. Pourquoi ? Parce qu'il y a danger de mort potentiel.

La « peur psychologique », c'est différent. Tu connais l'anxiété, l'inquiétude, la nervosité ? C'est ça, la peur psychologique. Elle apparaît dans des situations sans danger réel. Elle concerne toujours quelque chose qui pourrait survenir et non pas ce qui est en train de se dérouler sous tes yeux. Comme dans l'exemple de Maud et de l'argent : Maud est présente physiquement dans la situation en train de consulter ses comptes bancaires…

… mais ses pensées créent compulsivement des réalités parallèles dans le futur.

Le mal-être va naître de ce décalage présent/futur imaginé. C'est ton ego qui, par le biais de ton mental dont il est le marionnettiste, crée des scénarios sur la base de tes conditionnements.

Dans ces situations stressantes mais pas réelles, plus tu vas t'identifier à ton mental, autrement dit plus tu vas croire et donner de l'importance aux pensées négatives et aux scénarios qui se déroulent malgré toi, plus l'inquiétude ou l'anxiété vont grandir, à la manière d'un feu que tu alimentes avec des bûches. Si le feu se transforme en incendie, c'est là que se déclenche un état de crise qui peut devenir insupportable. L'idée est d'apprendre à identifier les feux qui se déclenchent, d'anticiper leur déclenchement et de les endiguer avant qu'ils ne se transforment en incendie.

Précisons une chose importante : ton ego se sent en permanence menacé. Il a systématiquement besoin de s'auto-alimenter pour rester en vie. C'est en partie pour cela qu'il te fait sans cesse ruminer des histoires du passé ou créer compulsivement des projections dans le futur. C'est pour cela aussi qu'il te détourne du seul moment réel. Le moment présent. Dans ces situations précises où il se sent en danger pour sa propre vie, il envoie des signaux constants à ton corps qui les traduit par une émotion : la peur (qui peut prendre plusieurs formes). Autrement dit, plus tu vas donner de crédits à ton ego, plus tu t'identifieras à ton mental. Plus tu t'identifieras à ton mental et plus tu connaîtras la peur psychologique et tu auras affaire à ces différents visages.

Crois-moi, si tu donnes trop de crédits à ton ego, ça peut très vite devenir l'enfer dans ta tête. Imagine un instant ce qu'il se passe si tu es en mode pilote automatique une bonne partie de ta vie, si tu laisses les commandes à ton ego et que ce dernier rencontre d'autres ego qui dirigent les pensées d'autres humains ?

La fois où j'ai eu peur de mon père

Car oui, s'il y a bien un endroit où les ego peuvent rentrer en résonance, c'est dans nos relations parfois les plus intimes. Des enjeux de pouvoir peuvent alors apparaître entre les gens et leur ego, et ce, même au sein d'une famille.

La relation de pouvoir implique un ego dominant et un ego dominé. Prenons le cas d'un parent. Disons un père. Exemple pris complètement au hasard, hein ! Et disons que ce père se trimballe, lui aussi, un gros sac à dos rempli de cacas qui l'empêche d'avancer sereinement et de voir le monde de manière positive et bienveillante.

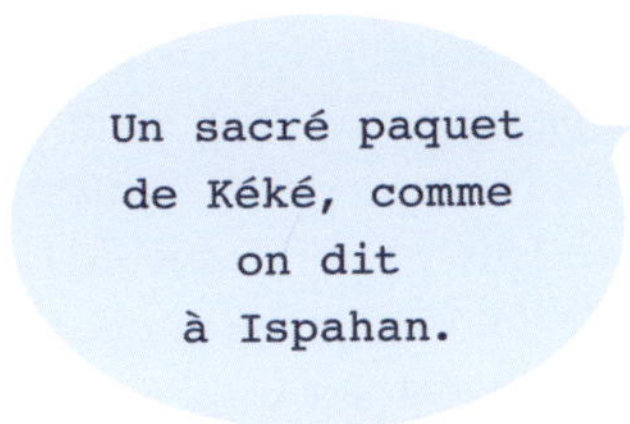

Dans son sac, on trouvera probablement l'exil, des traumas de l'enfance, de l'anxiété, le poids d'un sacrifice de vie, le renoncement non consenti à une partie de ses rêves, des frustrations, etc.

Ce père va, comme tout le monde, finir par interpréter le monde à travers le prisme de ses croyances, fruit de ses conditionnements. Bref, il va se construire son fameux ego.

Petit à petit et pour des raisons qui lui échappent complètement, il va commencer à projeter ces angoisses et autres insécurités sur un de ses enfants, qu'il tient peut-être même inconsciemment responsable de son sacrifice de vie. Ce père va commencer à le rabaisser voire à l'humilier malgré lui. Parfois, il aura même des réactions violentes à son égard. Toutes ses réactions vont nourrir l'ego de l'enfant qui se crée. Un ego dominé par celui du parent. La relation de pouvoir s'installe tout doucement. Petit à petit, la peur psychologique prend le dessus. Elle se manifestera sous forme d'anxiété, de problèmes de respiration, de ce sentiment d'étouffer, d'inquiétude constante. C'est normal, l'ego de l'enfant est en partie constitué de l'ego du parent. Le reste n'est que la résultante de l'expérience que l'enfant a faite du monde sur la base de ce paquet de merdes transmis insidieusement. Plus le besoin de pouvoir de l'ego du dominant est important, plus la peur psychologique du dominé à l'égard du dominant grandira jusqu'à ce que l'emprise naisse.

Je parle évidemment de moi (sans blague ?) et de ma relation avec mon père. Vivre sous l'emprise de quelqu'un peut littéralement te terrifier, te bloquer.

J'imagine que certains et certaines d'entre vous pensent : « Keyvan, tous les parents sont chiants à un moment ou un autre ! Ils te mettent la pression pour faire des études ou reprendre l'affaire familiale. Ils préfèrent que tu fasses des choix de vie qui les rassurent dans leurs croyances. C'est assez banal tout ça finalement. Il suffisait de l'envoyer chier un bon coup, ton père ! » Pas faux. Mais le moi de l'époque s'en sentait incapable. J'étais terrorisé. J'avais laissé la peur s'installer et prendre le contrôle. La moindre tentative de confrontation se traduisait par une sidération mentale totale. J'étais incapable d'agir. Impossible pour moi de prendre la parole de manière normale et de dire ce que j'avais à dire. Quand parfois miraculeusement j'y arrivais, le dénigrement, la moquerie, voire la violence verbale étaient de nouveau le retour que j'obtenais. Mon père avait les codes de mon cerveau. Je dirais même qu'il les avait installés lui-même tranquillement, sans s'en rendre compte, depuis plus de vingt ans. Pendant près de vingt ans, j'avais bien sagement encaissé, sans jamais comprendre pourquoi mon père avait eu de telles paroles ou comportements à mon égard. Face à l'incompréhension, j'ai développé inconsciemment des explications, des théories dans mon coin.

Un petit mot sur la culpabilité

J'ai commencé à penser que j'avais peut-être une part de responsabilité dans la situation. Or, j'ai compris plus tard qu'il y a une différence entre responsabilité et culpabilité. La seule vraie responsabilité que j'avais, c'était de dire stop quand un tel comportement surgissait. Mais c'était impossible parce qu'il aurait fallu que je possède dès l'âge de 5, 6 ans, la sagesse d'un adulte éveillé et conscient.

Keyvan 6 ans

À l'image de la nature qui ne laisse jamais de vide et fait pousser quelque chose, ton cerveau ne peut pas se contenter d'un blanc sans explication dans une situation. Il va toujours chercher et créer du sens dans ce blanc. C'est ainsi qu'une petite graine a germé dans ma tête : coucou la culpabilité !

Elle a grandi et je l'ai nourrie dès que j'en ai eu l'occasion. À chaque nouvelle altercation avec mon père ou le monde extérieur, je rendais visite à ma copine Culpabilité et on avait ensemble de longues conversations. En gros, je me suis mis à me parler de plus en plus négativement, à me rabaisser. Tout seul. Ce dialogue intérieur comportait son lot de pensées négatives et ces pensées n'ont eu de cesse de rechercher confirmation dans le monde réel. De plus, je recherchais compulsivement à reproduire les schémas que je connaissais car ils nourrissaient mes boucles de pensées et maintenaient en vie qui je croyais être. À côté de ça, je vivais aussi plein de trucs cool (heureusement), mais cette partie de moi était un poison qui m'a parasité une bonne partie de ma vie.

Pour toutes ces raisons, la meilleure solution a été de fuir. On ne le répètera jamais assez : dans un premier temps, face à une relation toxique, la fuite reste la meilleure solution. Même si tu emportes tout avec toi, le fait de vivre au quotidien dans un environnement plus « sain » favorisera la reconstruction. À condition d'arriver à prendre conscience que la relation n'est pas normale et que ton ego n'est pas ton véritable toi. Un suivi psychologique peut être évidemment nécessaire.

Ce qui est intéressant à traiter là-dedans, c'est la différence entre la culpabilité et la responsabilité.

Comprendre les distinctions entre ces deux notions peut t'éviter bien des tourments et t'aider à traverser plus facilement certains évènements du quotidien.

T'as vu comme j'ai subtilement amené le thème du chapitre suivant ?

Faudra se mettre d'accord sur le mot « subtilement ».

Responsabilité vs culpabilité

La première fois que j'ai compris la différence entre culpabilité et responsabilité, j'étais en séance de thérapie chez un psychanalyste transgénérationnel. Ce psy, très intéressant au demeurant, portait des chaussures à orteils. Tu sais, c'est le genre de chaussures pour faire du surf. Mais qui porte ça dans la vie ??? Impossible pour moi de continuer les séances avec lui, je faisais une fixette dessus ! Néanmoins, cet homme grenouille a été pertinent à plusieurs reprises, notamment sur la notion de culpabilité.

Au cours de la séance, je lui évoquais plusieurs évènements de ma vie. À un moment, il m'a sorti cette phrase que j'ai, dans un premier temps, très mal prise : « Maud, il est temps de prendre vos responsabilités… » Mais pardon ? Je serais donc coupable de tout ce qui m'arrive ?! Nan, mais attendez, c'est un comble ça !

Oui, j'étais un tout petit peu énervée. Il m'a alors répondu : « Je pense que vous confondez culpabilité et responsabilité. »

J'allais le dire…

Repartons des bases : l'étymologie du mot

« Responsabilité » vient de « responsable », du latin respondere, qui signifie « répondre de ».

Être responsable, c'est répondre de ses actes. C'est assumer les conséquences de ses actes qu'ils soient volontaires ou non. La responsabilité est donc une application du principe de causalité selon le contexte socioculturel dans lequel on vit.

« Culpabilité » vient du latin culpabilis qui signifie coupable. Culpa veut dire faute.

La culpabilité renvoie donc à l'idée d'une faute commise qui renvoie à son tour au sentiment de culpabilité qui s'empare de la personne ayant commis cette faute.

On ne parlera pas ici des situations où un acte a été commis avec l'intention volontaire de nuire (souvent à quelqu'un), car bien souvent, il n'y a pas de ressenti de culpabilité (du moins sur l'instant) du fait que la personne coupable ait obtenu ce qu'elle désirait (nuire à l'autre). Ce sentiment peut apparaître plus tard, bien entendu, sauf si on a affaire à un psychopathe.

Nous ne parlerons pas non plus des situations où on est coupable d'avoir blessé gravement ou tué quelqu'un sans intention préalable de nuire (dans le cas d'un accident de la route par exemple).

Intéressons-nous plutôt au ressenti de culpabilité qui survient dans des situations dites « plus quotidiennes », où il n'y a pas d'intention volontaire de nuire. La culpabilité peut investir aussi bien les situations d'échec (par exemple, quand tu commets une erreur au travail, quand tu casses un objet chez quelqu'un « par accident ») que les situations où tu penses avoir fait du mal à quelqu'un (quand tu blesses une personne sans le vouloir avec tes mots). Elle peut également se manifester dans des situations de réussite ou encore de manque. Tu vois cette culpabilité qui te pousse compulsivement à vouloir en faire toujours plus ou ce sentiment de ne jamais en faire assez ?

Le problème avec le ressenti de culpabilité, ce n'est pas le ressenti en lui-même car il est assez humain en vérité. Le vrai problème, c'est quand tu restes bloqué dessus. En ressassant par exemple ce que tu as fait en comparaison de ce que tu aurais dû faire, ou bien encore qui tu es en comparaison de qui tu devrais être.

Et là, te voilà parti dans le grand huit de la bonne grosse prise de tête. Mais rassure-toi, là encore pas de fatalité. Car oui, tu peux tout à fait apprendre à te défaire de ce sentiment morbide et déprimant et même à le transformer en quelque chose de beaucoup plus positif, de constructif et d'inspirant pour l'avenir. Il suffit d'adopter pour cela la juste façon de voir les choses…

La culpabilité dans les situations dites « d'échec »

Si tu analyses un peu le sentiment de culpabilité, tu t'aperçois qu'il te fige souvent dans des cercles vicieux de pensées négatives et de jugements. En gros, tu rumines.

Si ton histoire personnelle et tes blessures ont créé un ego sensible à la culpabilisation, ça devient très facile pour lui de raviver les vieilles boucles négatives de pensées que tu connais par cœur.

C'est la porte ouverte aux ruminations du style « mais pourquoi j'ai fait ça ? », « je m'en veux tellement », « je suis vraiment nul », ou bien encore « c'est tout moi, ça ». Tu vois bien le conflit interne qui se joue ?

Je connais ces boucles par cœur, tu t'en doutes bien, vu qu'elles font partie de mes conditionnements. Pendant très longtemps, la moindre erreur que je commettais m'entraînait dans des jours, voire des semaines entières de prises de tête, à ressentir le poids de cette culpabilité. Le jour où j'ai compris que ce n'est pas l'erreur le vrai problème mais ce que tu en fais, j'ai commencé à changer. Et ça a été très libérateur.

Commettre une erreur, se tromper ou encore prendre une « mauvaise décision », ce n'est pas grave. Ça arrive à tout le monde. Même à The Rock. Si, si. Le principal, c'est d'apprendre à tirer les justes leçons de ces situations pour te permettre de continuer à avancer. Pour ça, la première étape est de reconnaître ton ressenti de culpabilité sans jugement et ensuite de l'accepter. Il est là, autant l'accueillir.

Encore cette question d'accepter et d'accueillir ?!

Eh oui, madame. C'est la base. « Ok, je ressens de la culpabilité. »

Comment savoir si tu ressens de la culpabilité ?

Sache que c'est un poids qui a tendance à s'exprimer dans tes paroles et tes comportements de tous les jours. Une fâcheuse tendance à te justifier ou à te sentir dans des obligations à l'égard des autres souvent au détriment de toi-même sont autant d'indicateurs.

En accueillant ton ressenti et en acceptant le fait d'avoir « commis une erreur », de t'être trompé ou encore d'avoir « pris une mauvaise décision », tu commences le processus de transformation de la culpabilité vers la responsabilité. Tu quittes ainsi le mode automatique de pensées de l'ego pour te recentrer sur le réel. Sur les faits : « Oui, j'ai agi comme ça et j'ai observé telles conséquences que j'ai jugées négatives sur l'instant. » C'est ok. Ça peut arriver. Même à Beyoncé. Si, si.

Yes, moi and my friend Beyoncé, we can make aussi des erreurs.
Put your hands up ! Oh oh oh !

Ça me fait immédiatement penser à quelque chose que m'a dit l'homme aux pattes de têtard (aka le psy transgénérationnel). Quand on a commencé à évoquer ma responsabilité, ou du moins ma part de responsabilité dans certaines situations, il a ajouté un truc qui a changé ma perception : « Ça ne fait pas de vous une mauvaise personne. » Reconnaître que j'avais pu faire des erreurs ou pris de mauvaises décisions ne faisait pas de moi une mauvaise personne. Même quand mes erreurs ou mauvaises décisions avaient pu être guidées par mes vieux démons.

Maintenant que tu es ok d'avoir commis une erreur, l'idée est d'identifier les éléments de la situation qui a eu lieu sur lesquels tu penses avoir du contrôle ou un levier d'action. Et il y en a toujours, crois-moi. T.O.U.J.O.U.R.S. Always. Enfin, A.L.W.A.Y.S.

Et si tu penses qu'il n'y en a jamais, je t'invite quelques paragraphes plus loin…

Une fois les éléments identifiés et le sentiment de contrôle rétabli, l'idée est de les conscientiser et de les mettre en œuvre la prochaine fois qu'une situation similaire se représentera afin d'agir différemment, de manière plus éclairée que la fois précédente et donc, d'observer des conséquences différentes. À coup sûr, plus positives et moins source de culpabilité.

Cela s'appelle s'ajuster à une situation. Cet ajustement est inhérent à la prise de responsabilité : je reconnais la situation, j'accepte qu'elle se soit déroulée de la sorte et surtout j'accepte ma contribution à la situation. Ainsi, je peux réparer plus facilement ce qui doit l'être et surtout avancer de manière plus constructive dans la vie. Je tire les leçons de mes actions et j'ajuste en avançant.

Comme tu l'auras compris, l'ajustement implique l'introduction d'une notion importante : la vigilance, indispensable à la conscientisation.

Un mot sur la vigilance

T'es-tu déjà rendu compte que tu marchais ou que tu conduisais depuis un certain temps sans avoir eu conscience du chemin que tu as emprunté, ni même de ce qui s'est passé pendant tout ce temps ? Comme si, clairement, tu avais eu une sorte d'amnésie passagère ?

Si tu as déjà vécu ça, c'est que tu as déjà expérimenté l'absence de vigilance. Ce sentiment que tu étais physiquement présent mais que ton cerveau était lui aux abonnés absents.

Je te rassure, on a tous déjà expérimenté ce genre de situation dans la vie, souvent sans conséquence pour notre santé physique ou psychologique. Cela s'appelle l'habitude. C'est une disposition acquise par la répétition. Une façon de faire que tu as développée et intégrée avec le temps.

En très schématique, la première fois que tu empruntes un chemin que tu ne connais pas ou que tu fais quelque chose de nouveau, ton cerveau, du fait de la nouveauté, est très attentif à ce qu'il se passe. Il y a un enjeu fort. Ton niveau de vigilance est probablement au maximum. Tu es présent. Physiquement et mentalement disponible à ce qui se déroule.

Plus tu vas répéter cette nouvelle tâche ou emprunter ce chemin inconnu sans rencontrer de conséquences négatives, plus l'inconnu devient connu. Plus tu tombes dans le connu, plus ton cerveau estime ne pas avoir à déployer la même attention qu'au début. Ça lui demande beaucoup d'énergie, et de fait, il peut mettre cette énergie au service d'autres fonctions vitales. Ton niveau de vigilance baisse considérablement au fil des répétitions jugées sans accroc.

Au bout d'un certain temps, tu vas automatiser les choses. Autrement dit, tu vas les exécuter sans plus y penser. Littéralement, tu es en mode « pilote automatique ». Comme la place est libre, bien souvent, c'est le moment où ton mental se met en action pour te plonger dans tes pensées. Comme on l'a déjà dit plusieurs fois, notre mental, et donc notre ego, est une machine à fabriquer des pensées. C'est sa nature. Il va donc, à sa guise, raviver le passé ou créer un futur hypothétique positif ou négatif. Bref, en plongeant dans tes pensées, tu te détournes de ce qui se passe dans la réalité. Ici et maintenant. Même si tu es physiquement présent. D'ailleurs, le fait de prendre conscience de ton absence mentale, c'est expérimenter le présent. C'est te ramener dans l'ici et maintenant. C'est rétablir le niveau de vigilance indispensable à ta disponibilité au réel. Comme si tu te réveillais à nouveau mentalement alors que tu étais déjà physiquement éveillé.

Par essence, tu ne peux alimenter que l'un de ces deux feux à la fois. Soit celui du présent, soit celui du mental. Si tu t'es déjà fait une frayeur, tu t'es probablement rendu compte de ce dont je parle.

Disons que tu roules (en mode automatique) sur ce trajet que tu connais par cœur et sur lequel tu ne croises jamais personne. Tu es bien tranquillement dans tes pensées. Ton mental et ton ego sont aux commandes. Tranquille. Comme d'hab'.

D'un coup, tu entends un klaxon et tu te rends compte que tu viens sans t'en rendre compte de gratter une priorité à une moto. Ton cerveau reprend le contrôle et t'envoie de l'adrénaline qui augmente ton niveau d'attention. Tu redeviens aussitôt vigilant. Tu remarqueras qu'à ce moment précis, tes pensées passées ou futures ont disparu. Tu ressens de la peur et sûrement de la culpabilité d'avoir failli écraser ce motard. Là encore, pas d'intention de lui nuire. Tu as juste laissé ton mental prendre les commandes comme d'habitude. Ici, heureusement, plus de peur que de mal.

Que fais-tu de cette expérience pour la suite ? Soit tu choisis de l'intégrer, soit tu choisis de l'ignorer en rejetant la faute sur l'autre. Si tu choisis la solution deux, les paragraphes qui suivent vont te parler.

Bien entendu, intégrer cette nouvelle expérience dans la logique décrite au début de ce chapitre semble être le plus sage. « J'ai commis une erreur qui a failli coûter la vie à quelqu'un. Ok. Il n'y a pas eu de conséquences heureusement pour cette personne. Tant mieux. J'accueille mon ressenti de peur et de culpabilité. Je transforme ce ressenti de culpabilité par la responsabilité. La prochaine fois, je devrais être plus vigilant sur ce trajet. »

L'idée est de créer un point de vigilance qui te servira à l'avenir de point de repère quand une situation similaire se reproduira. L'alerte apparaîtra et tu feras attention car tu te souviendras de l'erreur commise. Mais ça te demandera un effort, car en faisant cela, tu iras contre la logique d'économie d'énergie de ton cerveau. Être vigilant, c'est fatigant mais tellement bénéfique. Ça, on y reviendra.

Il te faudra répéter cette nouvelle façon de faire : « Être vigilant sur ce trajet, surtout aux abords de l'intersection », afin de déconstruire petit à petit ton ancienne habitude et d'en reconstruire une nouvelle, afin de t'ajuster à ce qui vient de se dérouler. C'est ça l'adaptation.

Tout cela, c'est une pratique. Une nouvelle gymnastique à mettre en place dans ton quotidien.

Tu vois bien que cet exemple peut s'appliquer dans plein de situations du quotidien autres que la conduite car nous construisons des habitudes dans tous les aspects de notre vie : la santé, l'alimentation, nos modes de communication avec les autres.

D'ailleurs, dans les relations intimes, le laisser-aller prend trop souvent le dessus, et bien souvent quand une prise de conscience survient, il est malheureusement trop tard.

La fois où Maud m'a mis un ultimatum

Je me rappelle parfaitement ce jour où je suis rentré à la maison et où j'ai trouvé une lettre de Maud dans laquelle elle m'expliquait qu'elle ne pouvait plus continuer à endurer certains propos blessants que j'avais pu avoir à son encontre. Que ça la rendait trop triste. Que si je ne prenais pas conscience de cette manière dysfonctionnelle et malveillante que j'avais de lui parler parfois, je ne la reverrais plus. Que nous deux, ça serait terminé.

Ce fut un véritable électrochoc. Un wake up call mental. Cette lettre et la discussion qui ont suivi ont rétabli clairement la vigilance qui avait disparu dans certains de mes comportements néfastes devenus, avec le temps, des habitudes toxiques pour la survie de notre couple.

Cette lettre était très pragmatique. Elle exposait des faits, des évènements, des situations où j'avais pu mal lui parler, voire l'humilier. Je me rappelle que Maud était très calme. Elle m'a exposé les faits et m'a montré un tableau avec des croix. Elle m'a dit : « Tu vois, chaque fois que tu m'as mal parlé et que tu as été méchant avec moi, j'ai mis une croix. » Sur le mois écoulé, il y avait beaucoup trop de croix. Elle a ajouté : « Imagine maintenant que ce soit toi à ma place et que tu te prennes dans la gueule des phrases méchantes tous les deux jours, comment tu te sentirais ? »

C'est l'une des plus belles preuves d'amour qu'elle m'ait offertes. Elle avait pris sur elle pour pouvoir me prouver que je déconnais trop régulièrement, tout cela parce qu'elle savait que cette partie de moi qui s'exprimait ne m'appartenait pas. Que c'étaient mes conditionnements qui s'exprimaient. Les vieux schémas de la relation entre mes parents, la voix de mon père et ses colères irrationnelles qui se reproduisaient malgré moi. Sans que je sois présent. Sans que j'en sois conscient. Elle a terminé en me disant : « Je sais que tu vaux mieux que ça. Je sais que le vrai Keyvan n'est pas comme ça. J'ai essayé de t'interpeller là-dessus par le passé mais tu as choisi de l'ignorer trop souvent. Aujourd'hui, il te reste deux options. Sois tu changes, soit je te quitte. »

Par le passé, j'aurais probablement agi comme mon père et j'aurais pris une attitude fière. J'aurais laissé mon ego parler à ma place et j'aurais fini par la perdre. Mais il faut croire qu'à ce moment de ma vie, j'étais peut-être disposé à entendre et à accepter certains de mes démons et à faire la paix avec eux.

J'ai donc décidé de changer. Je me suis bien entendu confondu en excuses. Le changement a été long. Tout au long du chemin, je me suis rendu compte que j'avais blessé d'autres gens. J'ai pris mon téléphone et je me suis excusé auprès d'eux. Bien entendu, aucun changement n'aurait été possible si je n'avais pas accepté ma part de responsabilité dans la tristesse que Maud avait pu ressentir. Il n'appartenait qu'à moi d'agir et d'apprendre à me contrôler. Petit à petit, mes excès sont devenus de moins en moins importants et avec le temps, j'ai réussi à maintenir mes démons en laisse. La méditation de pleine conscience, sur laquelle je reviendrai plus loin, m'a considérablement aidé dans ce changement de mentalité. C'est normal car c'est une pratique qui place la vigilance au cœur du processus de transformation vers le mieux-être et permet ainsi de s'affranchir de ses conditionnements.

En tout cas, cet ultimatum a été la meilleure chose qui me soit arrivée dans notre relation, car il nous a permis de construire notre avenir sur des bases saines et d'accueillir par la suite un petit être en plaçant la bienveillance au cœur de son éducation.

Comme je l'ai dit plus haut, commettre une erreur une fois, c'est ok. Ça peut arriver.
Tu tires les leçons et tu avances. Par contre, reproduire systématiquement les mêmes erreurs, laisser les vieux schémas dysfonctionnels s'exprimer à la moindre occasion, c'est moins ok. En tout cas, c'est toujours le reflet de quelque chose de plus profond, de pas encore résolu. D'une leçon à tirer qui reste en suspens. D'un apprentissage à faire que, bien trop souvent, j'ai fait à mes dépens. Donc, merci Maud. Pour tout. Tu m'as ouvert les yeux. Je t'aime.

Pas tous égaux devant la prise de responsabilité

Il faut bien avouer que certaines personnes ont plus facilement tendance à prendre leurs responsabilités dans la vie. Le psychologue Julian Rotter a mis en exergue, dans les années 1950, une notion assez intéressante qui en dit long sur les manières que peuvent avoir les individus d'aborder les évènements qui leur arrivent. Cette notion s'appelle le locus of control : les personnes croyant que leurs performances ou leur sort dépendent surtout d'elles-mêmes ont un locus de contrôle dit « interne ». Ces personnes assument généralement la responsabilité de leurs actes et ont, en plus, la ferme conviction qu'elles sont responsables de leurs actes.

À l'inverse, les personnes convaincues que leur sort dépend de facteurs extérieurs hors de leur influence ont un locus de contrôle dit « externe ». Ce sont des individus qui croient que les conséquences de leurs actions sont contrôlées par de plus grands pouvoirs tels que le destin, la chance, la société, etc.

Selon les études, il s'agirait d'un trait de personnalité relativement stable dans le temps. Enfin, non, selon les études, il s'agirait surtout de beaucoup de personnes que je connais (je ne citerai bien sûr pas ma mère).

Prenons un exemple du quotidien qu'on a tous connu : tu as un oral à passer et tu choisis de très peu réviser. Tu privilégies les sorties et le plaisir plutôt que la préparation sérieuse. Arrive le jour de l'examen et l'examinateur enchaîne les questions pointues sur des sujets que tu ne maîtrises pas, forcément. Tu échoues à ton examen.

Comment aurait tendance à réagir une personne avec un locus interne pour expliquer son échec ?

En très schématique : « Je n'ai pas assez travaillé. J'ai privilégié les sorties en pensant que ça serait suffisant. J'ai joué. J'ai perdu. Mais je sais que la prochaine fois, je serai capable de réussir mon examen. Il me suffira de mieux me préparer. » Ici, on voit bien la capacité à prendre ses responsabilités dans l'échec, d'identifier les éléments sur lesquels on aura du contrôle afin d'agir pour réussir.

À l'inverse, comment aurait tendance à réagir une personne avec un locus externe ?

Elle utilisera une tout autre catégorie d'éléments (d'excuses) pour justifier l'échec : « J'ai échoué car le sujet était trop dur. J'ai échoué car l'examinateur ne pouvait pas me supporter. Je n'ai pas eu de chance, comme par hasard, le sujet sorti était un de ceux que j'avais le moins révisés. De toute manière, je n'ai jamais de chance. » On connaît tous quelqu'un comme ça. Ici, cette personne pourrait à l'avenir réussir son examen mais il faudrait qu'avant, elle cesse de se percevoir comme victime de la situation et qu'elle adopte la juste posture qui lui permettra d'avancer vers la prise de responsabilité.

Ce positionnement se retrouve dans de nombreuses situations du quotidien : « J'ai perdu mes clés mais ce n'est pas ma faute, c'est mon fils qui m'a perturbé au moment où j'ai voulu les ranger ! », « Oui, je suis en retard mais bon, ça circule mal en Île-de-France. » Encore une fois, le problème n'est pas de perdre ses clés ou d'arriver en retard une fois. Le problème, c'est de le faire tout le temps en tenant systématiquement une cause extérieure pour responsable de la situation.

Évidemment, rien n'est tout noir ou tout blanc, mais l'idée ici est de te permettre d'identifier ton positionnement prédominant à l'égard des évènements de ta vie.

Certains prendront plus facilement leurs responsabilités et avanceront plus vite car ils arriveront à tirer les justes leçons nécessaires et à faire les apprentissages utiles à leur transformation et leur évolution.

Là où d'autres se positionneront plus en victimes des situations et auront donc tendance à revivre, voire à reproduire compulsivement les mêmes situations désagréables de vie.

Un mot sur la culpabilité dans les relations toxiques

Eh oui, on y revient. C'est vrai que dans une relation toxique, la culpabilisation est souvent utilisée par l'un des deux protagonistes comme moyen de contrôle sur l'autre.

On entend d'ailleurs souvent les victimes de ce genre de situation prononcer ce mot ou adopter des attitudes révélatrices comme la justification.

Pour s'en défaire, il faut d'abord la repérer. En fait, c'est le même procédé que le sentiment de culpabilité plus « quotidien ». Ensuite, il faut essayer de regarder les faits en face : suis-je réellement responsable d'une erreur, d'une faute ? Ou m'en a-t-on rendu responsable ? Bien souvent c'est la réponse numéro deux.

Une chose est sûre, c'est que se sentir mal en présence d'une personne censée vous aimer, CE.N'EST.PAS. NORMAL.

Comme nous l'avons vu précédemment, la seule et unique façon de sortir de la culpabilité, c'est de prendre sa juste responsabilité, celle et seulement celle qui nous incombe dans la relation toxique.

Dans ces cas-là, il y a toujours une responsabilité à prendre : celle de dire STOP ! Et je suis bien placé pour le savoir. Je ne dis pas que c'est facile ! Loin de là. C'est pourquoi, en tant que grand responsable à l'époque, je me suis tiré.

Je me suis demandé en écrivant ce livre ce que j'aurais dit à mon père à l'époque si j'avais eu les armes et l'expérience d'aujourd'hui.

Ça aurait donné à peu près ça :

« Écoute papa, tous tes soucis, ta souffrance, tout ça, je les déplore, crois-moi. Je comprends parfaitement que tu aies dû vivre des expériences parfois traumatisantes, dont probablement j'ignore la moitié. Peut-être que moi aussi, si j'avais dû endurer ce que t'as enduré, je porterais en moi les mêmes blessures, la même colère, la même frustration. C'est une situation qui doit être douloureuse et difficile à vivre au quotidien. Tout ça, je le conçois. Évidemment, si tu en as besoin, je serai toujours là pour toi. Pour t'écouter. Pour en parler. Mais sache qu'à aucun moment, ta souffrance n'a besoin de devenir ma souffrance. Elle ne m'appartient pas.

Toute cette merde que tu transportes ne m'appartient pas.

En plus, je trouve qu'agir avec méchanceté comme tu l'as fait à mon égard depuis petit, en me rabaissant et en m'humiliant à la moindre occasion sous couvert d'humour, sans écouter ce que j'avais à dire, ce que ça me faisait, sans reconnaître ce que je ressentais, sans me considérer un seul instant, c'est un manque cruel de bienveillance et d'empathie envers un des êtres qui sont censés compter le plus pour toi. Et je n'accepte plus ce que tu essaies de me faire endurer malgré toi.

Donc je vais prendre mes distances en espérant peut-être qu'un jour, tu te réveilleras et tu prendras conscience de la portée de certaines de tes paroles à mon encontre.

Tu m'as apporté des trucs cool, sache-le, mais tu m'as fait aussi beaucoup de mal. Et ça, même si c'était inconscient, c'était une grave erreur.

Maintenant, commettre des erreurs, ça peut arriver. Il faut juste savoir s'excuser. Ça s'apprend, tu sais. Si tu es disposé à le faire un jour, ma porte sera toujours ouverte. Tu es mon père et au fond, je t'aime. Je sais que je saurai trouver la force de te pardonner et qu'on pourra peut-être reprendre le chemin de vie qui aurait dû être le nôtre avant que tu ne te laisses bouffer par cette partie de toi que tu ne contrôles pas et avec laquelle tu n'es vraisemblablement pas en paix.

Rappelle-toi juste que je n'ai pas à payer le prix de tes choix ou de tes non-choix de vie. »

Et là-dessus, je serais parti.

Aurais-je été triste ? Bien sûr. Aurais-je culpabilisé ? Probablement. J'étais formaté comme ça. Mais face à une situation comme celle-ci, une situation toxique, je me serais choisi. Au risque de ne plus le revoir pendant longtemps. Et ça m'aurait coûté, croyez-moi. Mais beaucoup moins que d'endurer passivement cette situation.

La peur du regard de l'autre ou comment en avoir rien à foutre

La peur du regard de l'autre ou comment réussir à s'en détacher...

Mieux.

... parce qu'on n'en a rien à foutre.

Presque. Dommage.

La peur du regard de l'autre est pour moi l'une des peurs les plus handicapantes parce qu'elle crée une véritable prison mentale. Ce besoin d'approbation ne date pas d'hier : il fut un temps, si tu ne ramenais pas de gibier pour ton groupe, tu étais sujet aux railleries. De même que si tu n'étais pas mariée à 20 ans, tu devenais la risée du village. Il y a un besoin archaïque d'être accepté par les autres. Ok, mais pas à n'importe quel prix. Pas au prix de soi-même. Parce que plus tu te négliges pour te conformer aux autres et plus tu t'oublies, toi et ton potentiel.

Je me suis longtemps frottée au regard des autres et à la peur qu'il engendre. Par mon physique d'abord, première cible de mes petits camarades à l'école : j'ai été très petite, très maigre et très blanche. Apparemment trop au vu des insultes quotidiennes que je recevais. D'autant que je suis née dans les années où il fallait être bronzé en un temps record.

C'est connu : les enfants peuvent être cruels quel que soit ton physique. J'ai eu pendant des années des surnoms qui soulignaient ma frêle silhouette. Des surnoms qui me blessaient profondément. Des surnoms qui me rappelaient à quel point j'étais mal dans mon corps. Des surnoms qui m'ont fait croire que je n'étais pas normale.

Le pire, c'est lorsque les adultes (les profs en l'occurrence) s'y mettaient. Eux que je rêvais de voir jouer les justiciers. J'ai un souvenir très précis d'un rituel humiliant qui, j'espère, n'existe plus : je suis en 6e, j'ai 10 ans (j'ai sauté une classe), c'est le premier cours de sport de l'année et le professeur nous oblige à nous peser et à nous mesurer un par un devant tout le monde. Et comme pour justifier son statut de connard fini, il dévoile ouvertement le poids et la taille de chacun avant de les noter dans son carnet. Un sadique. J'étais pétrifiée et j'ai attendu que tout le monde passe pour me confronter à ce calvaire, espérant que les autres, lassés, soient passés à autre chose. Mon tour arriva : je me rappelle parfaitement le regard moqueur de mon prof lorsqu'il a annoncé à haute voix : « Maud, 1m30 ! » et j'entends encore le rire des élèves qui a suivi. C'était parti pour des années de moqueries ! Des garçons principalement, on ne va pas se mentir. Mais certaines filles s'en donnaient également à cœur joie. J'étais une proie facile. J'ai pleuré je ne sais combien de fois à cause de ce physique de poupée malade. J'ai entendu des tas et des tas d'insultes sans jamais réussir à passer outre. Elles me blessaient profondément, et ce qui me chagrinait encore plus, c'est que je n'y pouvais rien. C'était ma nature et les autres n'acceptaient pas ma nature. Ils ne m'acceptaient pas.

Les moqueries sur mon physique ont commencé à cesser en grandissant. Je traduis : ont commencé à cesser quand j'ai eu des seins. J'ai grandi et la petite enfant fragile a fait place à une jolie jeune fille. En revanche, mon teint blanc reste (et restera) une attaque facile. Mais disons que le temps du lycée, mon physique était moins la cible. Est-ce que tout allait s'arrêter ? Bien sûr que non ! Désormais, ce qui allait être sujet à quolibets, c'étaient mes idées ! Mes rêves, mes ambitions. Oui, parce qu'au lycée dunkerquois, je rêvais déjà de « la vie d'artiste parisienne ». Autant dire aux antipodes de ce que souhaitaient les autres lycéens pour leur avenir. Aujourd'hui, ça semble peut-être un peu plus accessible mais à l'époque, j'étais « folle de penser qu'une telle vie puisse être possible », je n'avais « pas les pieds sur terre », je pouvais « essayer et quand tu te seras plantée, tu viendras pas te plaindre », etc. Par chance, je me retrouvais parfois, au détour d'un préfabriqué jaunâtre, entourée de gens qui avaient visiblement la même passion que moi pour les avenirs incertains. Et j'avais des copains plus tolérants, dont certains disaient tout de même de moi que j'étais « particulière ». Ça, ok, ça me va.

Bref, je me suis confrontée aux jugements des autres pendant toutes mes années lycée, et ce, de la part des élèves, comme des profs, comme des parents d'élèves. Je pensais qu'en grandissant, les adultes seraient plus indulgents : que nenni.

La fois où j'ai changé de perception

Malgré toute cette pression pour me détourner de moi-même, je n'ai rien lâché et j'ai poursuivi mon chemin, n'en déplaise aux rageux. Quand je suis arrivée au cours Florent, ça a été un soulagement parce que nous étions tous plus ou moins rêveurs, nous avions connu les mêmes railleries. Néanmoins, à l'extérieur de l'école, que ce soit des personnes que je connaissais ou même que je croisais, les gens continuaient à prononcer leur verdict quant à mes choix de vie. Comme si je leur avais demandé leur avis… Mais plus le temps passait et moins le jugement des autres m'importait. Parce que plus je me rapprochais de moi et moins leurs critiques m'atteignaient. Je crois qu'il est arrivé un moment où la peur de passer à côté de moi-même a pris une place plus importante que la peur du regard de l'autre. Avec le recul, je me suis peu à peu rendu compte qu'à travers leurs mots, les gens parlaient en fait de leur propre vie. Voilà ce qui a changé ma perception du regard des autres.

À travers leurs jugements, les gens parlent d'eux-mêmes.

Je m'en suis aperçue d'abord avec les personnes que je connaissais bien. En les écoutant, je comprenais qu'ils évoquaient leur propre peur, angoisse, manque, frustration, insécurité ou encore besoin non assouvi. Je le savais puisque je connaissais leur histoire, faire le rapprochement était facile.

Et il en va de même avec les inconnus : ils me jugent à travers leur propre vécu, le seul qu'ils ont expérimenté. Ainsi, les personnes qui me reprochaient mes choix de vie sont les mêmes qui étaient insatisfaites de la leur. Je me souviens particulièrement d'une soirée où, fraîchement devenue « intermittente du spectacle », j'évoquais mon enthousiasme et j'ai été confrontée à un couple qui ne supportait visiblement pas de me voir poursuivre mes rêves : « Ben dis donc, heureusement qu'on n'est pas tous comme toi là, à vouloir réaliser nos rêves ! Faut redescendre sur Terre un peu hein ! » m'a dit la femme d'un ton extrêmement moqueur. Me voir réaliser peu à peu mes rêves la renvoyait directement à ceux qu'elle avait enterrés. Je réveillais chez elle tout ce qu'elle avait enfoui. Quelques années auparavant, j'aurais sûrement mal pris sa critique. Mais à ce moment-là, j'étais suffisamment heureuse d'être à ma place pour ne pas prendre en considération ses dires. Ce qu'elle pensait de ma vie m'importait peu parce que la projection de ses peurs ne me regarde pas.

J'ai une petite anecdote concernant cette idée qu'à travers leurs jugements et leurs moqueries, les gens parlent souvent d'eux. Parfois, ces moqueries incessantes peuvent venir de l'entourage le plus proche que tu puisses avoir. Par exemple, ta famille.

J'ai environ 5 ans et un jour mon père décide que je dois apprendre à nager. Il m'a donc inscrit à des cours de natation. Une des pires expériences de ma vie. J'avais très foncièrement peur de l'eau. Je me souviens parfaitement d'Alice, la maître-nageuse qui devait mesurer pas loin d'1m85. Immense et ultra-flippante. Enfin dans mes yeux d'enfant de 5 ans. À chaque séance, elle nous mettait en file indienne et chacun notre tour, nous devions nous jeter dans le grand bain et remonter à la surface pendant qu'elle nous tendait une perche en aluminium. Évidemment, moi, je passais mon temps à reculer le moment où je devais sauter car mes précédentes expériences avaient été très traumatisantes. J'avais l'impression que j'allais me noyer. Donc je laissais les autres passer devant moi et sauter dans le grand bain. Chose qui n'avait pas l'air de leur poser plus de problèmes que ça. Mais les autres, on s'en fout. Moi, je n'avais pas envie. J'avais très peur. Et je me rappelle qu'à maintes reprises, Alice m'a jeté à l'eau contre mon plein gré. L'horreur. D'ailleurs, après cette période, je n'ai plus cherché à apprendre à nager pendant de très nombreuses années.

Mais le pire dans tout ça, c'était le regard de mon père qui venait me chercher à la fin de chaque séance et qui assistait à ces moments de torture pour moi. Au lieu de venir me rassurer et d'en parler, voire d'arrêter de m'emmener pratiquer une activité physique que je n'avais pas choisie et qui me faisait horreur, il m'imitait en train d'avoir froid dans la file d'attente vers le peloton d'exécution. Il se foutait littéralement de ma gueule et ne manquait aucune occasion dans ma vie d'adolescent de me rappeler le petit garçon de 5 ans qui avait peur. Son imitation était très humiliante et pas du tout bienveillante à mon égard.

Et un jour, lors de vacances en Turquie en famille, j'ai appris une information déterminante : mon père ne savait pas nager. Il avait peur de s'écarter trop loin du bord. J'ai mis longtemps avant de connecter toutes les données mais avec le recul, j'imagine que me voir en souffrance à l'idée de me jeter dans le grand bain l'avait renvoyé à ses propres peurs. Il avait dû projeter ses propres angoisses. Probablement qu'il a été lui-même moqué par des personnes étant petit. Ce trauma était ravivé chaque fois qu'il me voyait grelottant et apeuré devant ce bassin. Cette image, il ne la supportait pas. Ma souffrance le renvoyait probablement à sa propre souffrance. Mais plutôt que d'agir en adulte protecteur, il s'est lâché sur moi, inconscient des conséquences.

D'ailleurs, Jung disait : « Tout ce qui nous irrite à propos des autres nous aide à mieux nous comprendre nous-mêmes. »

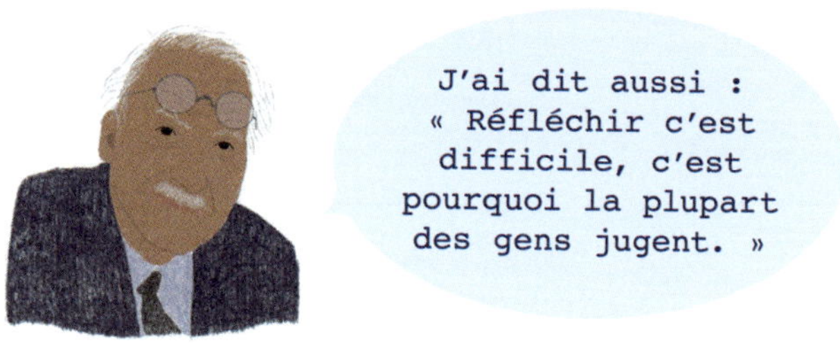

Le regard des autres ne me regarde pas

Et ça, c'est valable pour tout ! Que ce soit concernant mes choix de vie, mes décisions aussi quotidiennes soient-elles, mon corps, ma façon de m'habiller, de voir le monde, ou même mon fils qui pique une colère à la caisse d'un magasin : le regard des autres ne me regarde pas. La manière dont ils perçoivent tout ceci ne me regarde pas (dans la mesure où je n'entrave la liberté de personne, on est bien d'accord).

Le regard accusateur d'une personne face à la colère de mon fils (ouais, ça sent le vécu !) pourrait facilement m'amener à être gênée et, allons plus loin, à me demander si je suis une bonne mère. La moquerie de quelqu'un sur ce qu'il estime être un défaut de mon corps (« elle est trop blanche », « elle est maigre comme un clou », comme je l'entends encore et toujours) pourrait me faire complexer et me faire perdre du temps et de l'argent dans des UV et autobronzants comme je l'ai longtemps fait. Les dénigrements des gens sur mes choix de vie pourraient me faire culpabiliser.

De tout ceci, il n'en est rien. Parce que je n'en ai rien à foutre. Ok, en plus poli : parce que tout ceci les ramène simplement à leur propre histoire. Tu es leur miroir : ce qu'ils pointent du doigt, c'est eux-mêmes. Mais nombreuses sont les personnes qui préfèrent accuser l'autre plutôt que de se demander : « Pourquoi est-ce que ça m'énerve à ce point ? Pourquoi est-ce que ça m'attriste ? En gros, pourquoi est-ce que ça m'atteint autant ? Est-ce que cette personne ou cette situation me renvoie quelque chose que je ne supporte pas chez moi ? » Il est encore une fois question de responsabilité.

Puis souvent, ce regard des autres… n'existe pas

Autant les jugements et moqueries, j'ai connu et connaîtrai encore de manière concrète, autant il est arrivé des centaines de fois où j'ai (mon ego) anticipé un regard négatif qui, en fait, n'est jamais arrivé. « Que vont penser les autres ? » Ben rien. La plupart du temps, ils s'en foutent. Ce sont nos propres peurs que l'on projette. Et à force d'avoir peur, c'est toi-même qui crées ce fameux « regard des autres ». Dans ce cas, la première chose à changer, c'est ton propre regard sur toi. Il est évidemment le fruit de tes conditionnements, la peur du regard de l'autre étant liée au manque de confiance et d'estime pour soi. Agir avec moi-même comme si j'étais ma meilleure amie m'a beaucoup aidée. On va y revenir.

Ok, concrètement, qu'est-ce que je fais ?

Tous les jours, je reçois des messages éloquents sur Instagram : récemment, une jeune fille de 20 ans me demandait comment gérer le fait qu'elle ait de l'endométriose mais qu'elle ne souffre pas autant que les autres filles atteintes. Ayant moi-même de l'endométriose (devenue asymptomatique depuis ma grossesse), je ne peux que lui souhaiter de ne pas en souffrir ! Mais ce qu'elle craignait, c'était le regard de sa gynécologue qui la dénigre et celui de ses parents qui lui disent qu'elle ment et qu'en fait, elle n'a rien. Immédiatement, j'ai eu deux réactions : premièrement, comment ses parents peuvent-ils lui dire un truc pareil et, deuxièmement, qu'est-ce qu'on en a à foutre de ce que pense la gynéco ! Cette jeune femme avait un sentiment de culpabilité plus général qui ressortait à ce moment-là : « Ai-je le droit de parler de ma maladie si je ne souffre pas suffisamment ? Suis-je légitime ? »

Quand je suis confrontée à ce genre de situation, je me pose ces questions : vais-je me dénigrer au profit des autres ? Vais-je me mettre de côté par peur de leur réaction ? Il va de soi que la réponse est non. L'idée est d'arriver à se détacher de tous les regards, y compris de ceux qui représentent une autorité. En particulier, ceux de ses parents et de sa famille. Vaste sujet abordé par la suite.

Chaque fois que je me retrouve face à un jugement négatif, aussi méchant soit-il, je me répète en boucle « ce n'est pas mon problème », « son jugement ne me regarde pas ».

Non pas que je n'écoute jamais les remises en question possibles : si elles sont bienveillantes et qu'elles m'élèvent, je prends. Mais je fais la différence entre une éventuelle critique positive et un jugement qui ne me concerne pas.

Un truc que j'aimais bien faire, c'était choisir quelque chose pour lequel je craignais le regard des autres et m'entraîner par petites touches : par exemple, si tu aimes les vêtements colorés mais que tu n'oses pas, essaie déjà avec un petit accessoire. Si tu as peur de t'exprimer en public, commence par dire un simple bonjour à quelqu'un que tu ne connais pas. En bref, fais en sorte de sortir de ta zone de confort mais de manière que ce soit supportable pour toi.

Et pour finir… tu n'es pas obligé d'y croire !

Au même titre que les étiquettes qu'on t'a collées ou les croyances qu'on t'a inculquées, tu n'es pas obligé de croire aux jugements et regards de l'autre. Tu n'es pas obligé de t'identifier à eux, ils ne te définissent pas. Le regard des autres existe uniquement si TU lui accordes ton crédit.

La notion de « normes » dans un groupe

Si comme moi, t'as choisi de vivre en société et non pas isolé du monde dans une yourte au fin fond des steppes mongoles, tu t'es forcément retrouvé au sein de petits groupes sociaux.

Que ce soit les amis (réels ou virtuels) que tu fréquentes, l'entreprise dans laquelle tu travailles, la communauté à laquelle tu appartiens, l'association dont tu es adhérent, le parti politique pour lequel tu votes ou encore (et surtout) ta famille, les groupes font partie intégrante de ta vie. Tu t'es probablement rendu compte aussi que chaque groupe auquel tu appartiens est régi par des règles de fonctionnement et une dynamique qui lui est propre.

C'est quoi un groupe ?

C'est Fiestaccoustic par exemple ?

On ne juge pas, on a dit.

On peut définir un groupe comme deux personnes ou plus qui vont, pendant un temps, interagir, s'influencer mutuellement et se percevoir comme un « nous ». À partir de trois membres et jusqu'à environ vingt personnes, on parle de groupes restreints et c'est là qu'intervient plus spécifiquement la notion de dynamique de groupe introduite dans les années 1940 par le psychologue américain Kurt Lewin. Ce bon vieux Kurt s'appuie sur les théories de la Gestalt (signifiant « forme » en allemand) qui considère le « tout » comme différent de la « somme des parties » qui le composent. Ainsi, pour Kurt, la dynamique d'un groupe est fondée sur l'idée d'interdépendance des membres du groupe qui cherche à maintenir constamment son équilibre. Cette notion d'équilibre à maintenir en permanence a toute son importance : pour fonctionner en tant que groupe, les membres doivent interagir, tisser des liens plus ou moins intenses et partager des valeurs communes. Ce qu'on appelle des « normes ».

Ah ! Voilà le rapport au titre.

La norme, c'est un peu le règlement intérieur du groupe qui va servir de point de repère de fonctionnement mais aussi de système de valeurs partagé par tous les membres. Elle va donc réguler et influencer les comportements de chacun mais également leurs opinions et leurs croyances, sans pour autant qu'elle ait un quelconque critère de vérité absolue. En effet, les normes d'un groupe restent très subjectives. Donc quand tu évolues au sein de ton groupe d'amis, de ton entreprise ou encore de ta famille, tu vas implicitement agir et penser dans le sens du respect des normes, pour le maintien de l'équilibre du groupe. Évidemment, les normes au sein de tes différents groupes d'appartenance ne sont pas forcément identiques. C'est pour ça que ton comportement peut être différent au travail, avec tes amis ou encore avec ta famille.

Que se passe-t-il quand la norme n'est pas respectée ?

Le non-respect de la norme au sein d'un groupe est soit tolérée, soit rejetée et sanctionnée. Dans tous les cas, ça crée un déséquilibre sur lequel les membres vont devoir agir afin de retrouver une harmonie de fonctionnement.

Tu as déjà peut-être décidé de ne plus fréquenter un groupe d'amis pour te rapprocher d'un autre plus en accord avec tes valeurs du moment ? Eh bien, de manière implicite, tu ne t'es sûrement plus senti en accord avec la norme partagée par tes amis d'avant, ou bien ton groupe d'amis ne s'est plus senti en accord avec toi. Un déséquilibre s'est créé dans la dynamique du groupe et chacun a évolué dans des directions différentes. Peut-être qu'il y a eu des discussions ou des critiques à ton sujet et inversement. Tu les connais ces phrases comme « il ou elle a changé », « j'aime pas quand ils font ceci ou quand ils disent ça », etc. Il y a des situations où le clash est plus explicite mais le résultat reste le même : la structure du groupe a été modifiée et finira par retrouver un nouvel équilibre en appliquant soit le principe de tolérance d'un des membres, soit en l'excluant provisoirement ou définitivement.

S'il y a bien un groupe dans ta vie où la pression pour respecter les normes en vigueur se fait sentir, c'est bien au sein de la famille ! Il y a parfois une nécessité vitale de faire des infidélités à notre famille pour construire notre propre chemin et vivre enfin notre vie.

De l'importance de faire des infidélités à sa famille

Aaaah, on y arrive ! « Quoi ? Maintenant, ils vont dire d'être déloyal envers sa famille ?! » Ab-so-lu-ment ! Je sais ô combien ce n'est pas toujours évident à faire, mais bien souvent, c'est indispensable.

Dans le chapitre sur les boucles de pensées négatives, on a évoqué la place que les familles attribuent facilement aux enfants, cette tendance à coller des étiquettes. Ce qui est valable pour les étiquettes est valable aussi pour les croyances : la famille est en effet régie par des modalités de fonctionnement et des croyances partagées par chacun de ses membres. Croyances que, rappelons-le, les enfants n'ont pas choisies et dont ils ont hérité.

Tout ceci est censé servir l'équilibre d'un groupe, à créer une sorte d'« harmonie » familiale. Bien souvent, pour maintenir cet équilibre, chacun va se conformer à ces étiquettes. Sauf que dans de nombreuses familles, cette harmonie ne fonctionne pas ou plus parce que quelqu'un n'est pas épanoui, voire malheureux. Quelqu'un qui ne partage plus une croyance. Quelqu'un qui ne se reconnaît plus dans le rôle qu'on lui a attribué et qui souhaite en jouer un autre. Celui qu'il aura choisi tout seul comme un grand.

Évidemment, ça peut foutre un bordel dans l'ordre établi. Mais ce bordel est nécessaire pour la réalisation de soi. Sinon, tu risques de passer à côté de toi-même et de t'oublier.

Durant mon enfance, j'ai entendu je ne sais combien de fois la grande sœur de mon père lui dire : « N'oublie pas que tu es fils d'ouvrier ! » lorsqu'il parlait de ses ambitions professionnelles. Pour elle, l'idée que mon père évolue socialement et joue un nouveau rôle ne convenait pas parce que l'équilibre familial pouvait être bouleversé. Évidemment, tout ceci était inconscient, ma tante a dû ressentir un équilibre en péril et l'a manifesté de cette façon. Bien souvent les critiques, les jugements ou les tentatives de dissuasion apparaissent au moment où l'équilibre commence à battre de l'aile.

Attention, on est d'accord que si mon père nous avait dit : « Allez, on part vivre en Antarctique ! », ça aurait fait un peu chier parce que ça nous aurait impactés directement, nous les enfants. Et parce qu'il caille. Mais à ce moment-là, il parlait d'évoluer dans une entreprise. Rien de farfelu mais suffisamment pour créer un déséquilibre si ça se produisait. Comme si le fait d'être né dans une famille pauvre l'obligeait à rester pauvre. Qu'allait-il se passer s'il évoluait ? Aurait-il été « éjecté » de sa famille ?

J'ai mis ce mot entre guillemets alors qu'il pourrait être sans. Des familles peuvent tout à fait rejeter un de leurs membres qui décide de ne pas suivre la voie choisie pour lui : mon arrière-grand-père par exemple. Alors, je sais, l'époque est différente. Mais ses parents ont tout de même banni leur fils parce qu'il ne respectait plus les traditions familiales. Il avait le choix entre devenir ce qu'il voulait vraiment être et s'épanouir ou rester malheureux au sein de sa famille. Comment est-il possible de bannir son fils ??? Pardon, je m'emporte. Mais en tant que maman, cette idée m'est insoutenable. Où sont l'amour et la bienveillance là-dedans ? Ok, bon, d'accord, je ne connais pas toute l'histoire, je ne juge pas… Mais quand même quoi !!! Maud, stop.

Ce déséquilibre est parfaitement montré dans le film *Billy Elliot*, quand ce dernier, garçon issu d'un milieu ouvrier très pauvre, décide de suivre en cachette des cours de danse classique. Un problème identitaire se crée au sein de la famille, « la danse classique, c'est pas pour les garçons, et surtout pas pour les fils d'ouvriers », « un garçon ça fait de la boxe ou du foot », « un fils d'ouvrier n'a pas à se mêler aux riches ».

Me concernant, je me rappelle parfaitement des tensions palpables entre ma mère et ma grand-mère concernant les choix d'orientation professionnelle de ma mère. Pour résumer, elle a grandi dans un milieu ouvrier pauvre entre une mère femme de ménage et un père peintre en bâtiment très porté sur les courses de chevaux. Dès qu'elle en a eu l'occasion, elle a fui cet environnement familial pesant pour aller faire des études de droit et décrocher une maîtrise. Là où ses frères et sœurs ont juste suivi le chemin tout tracé et la logique ouvrière familiale.

Ma grand-mère n'a jamais compris, ni su définir ce que faisait ma mère qui était juriste en entreprises. Je pense qu'elle n'a jamais fait l'effort, elle s'est même fermée mentalement à l'idée de comprendre ce que faisait sa fille dans la vie. D'ailleurs, quand on la voyait, je me souviens qu'elle vantait avec fierté souvent la vie des frères et sœurs de ma mère (mes oncles et tantes) qui travaillaient dans le bâtiment d'un côté et les vignes de l'autre. Ça, elle comprenait. Alors que juriste, pas du tout. Comme si ce dénigrement manifeste à l'égard de ma mère était une manière de lui faire payer inconsciemment son changement de classe sociale et surtout le fait qu'elle ait mieux « réussi » qu'elle.

La pression familiale peut devenir insupportable pour celui ou celle qui a choisi d'être ou de faire différemment. Le sentiment de culpabilité apparaît rapidement chez celui ou celle qui est à contre-courant. Il est même possible de reproduire un schéma familial plutôt que de créer le sien par peur de déséquilibrer la famille et des conflits possibles. Par exemple, pour certaines personnes, il est impossible de gagner plus ou d'avoir un travail plus élevé socialement que ses parents, pour d'autres il est compliqué d'assumer d'être heureux en amour puisque les membres de sa famille ne l'ont pas été. On peut donc aller jusqu'à s'autosaboter et se punir plutôt que de faire des infidélités à sa famille.

Le plus souvent, c'est inconscient.

Un déséquilibre peut aussi apparaître quand, dans la famille, tout le monde a fait de hautes études, sauf le fils ou la fille qui décide de ne pas suivre le courant. Pourtant, ce contre-courant n'est-il pas l'expression saine de la création de son propre courant dans la vie ?

(Re)définir son identité : concrètement, qu'est-ce que je fais ?

Tout doit commencer par une décision. Non, tout doit commencer par un ressenti ! Reprenons les étiquettes : est-ce que cette étiquette, ce rôle qu'on te demande de jouer te convient ? Est-ce qu'il te rend heureux ? Est-ce que tes croyances te conviennent ou t'empêchent de t'émanciper ?

En gros, est-ce que tu es d'accord avec tout ça ? J'insiste sur le mot « accord » : donnes-tu ton accord ? Parce qu'on nous demande rarement notre avis étant petits, mais en grandissant, on a le droit de ne pas être d'accord. On ne le répétera jamais assez : tu as le droit de te conformer à la place qu'on t'a donnée ou d'en changer, tu as le droit de donner du crédit aux croyances dont tu as hérité ou de ne plus y croire. Tu as le droit de (re)définir ton identité selon tes propres critères et non plus selon les critères que ta famille avait décidés pour toi.

Ensuite, viendra la décision : « JE décide de qui je suis, de qui j'ai envie d'être. » JE décide que je ne suis pas cette fille « maladroite », « qui n'a jamais de chance » ou « fragile ». JE ne suis pas ce garçon « toujours malade », « toujours tête en l'air ». JE ne suis pas « un fils d'ouvrier qui n'évoluera jamais ».

« Et moi, je ne suis pas ce fils qui reprendra le magasin de son père ! »

Ça va mieux ?

« Ni même le cabinet de consulting de sa mère ! »

Autre chose ?

Pour l'instant, ça va, merci.

Bref, ton environnement, ton vécu, les choses entendues ou répétées, que ce soit à l'école ou à la maison, ne te définissent pas : « Aujourd'hui, JE choisis ce qui me définit. »

Que ce soit socialement, amicalement, amoureusement, corporellement, financièrement, etc.

Je pense évidemment aux centaines de messages que je reçois régulièrement, à ce garçon qui n'ose pas annoncer à ses parents son refus de reprendre l'entreprise familiale, à cette fille qui ne veut plus faire les études choisies pour elle…

Ah tu vois, je suis pas le seul !

Faire la fierté de ses parents

Ah ! Voilà une notion qui est très importante pour moi et qui peut peut-être chiffonner certains ou certaines. C'est une vision très personnelle mais j'en suis absolument convaincue : tu n'as pas à faire la fierté de tes parents.

On va se mettre d'accord tout de suite, on parle bien entendu de quelqu'un dont les choix et décisions qui n'ont rien d'illégal, qui n'entravent pas la liberté des autres ni ne blessent personne ! On ne parle pas d'une personne qui agresserait quelqu'un ou qui conduirait bourrée ! Ici, il s'agit principalement de choix de carrière professionnelle ou familial.

Redéfinir qui tu as envie d'être et t'éloigner de tes conditionnements pour te réaliser est une des choses les plus courageuses que tu puisses faire pour toi.

Un enfant grandit à travers le regard de ses parents, il a des bonnes notes pour que ses parents soient fiers de lui. Soit. Mais une fois devenu adulte, il ne devrait plus craindre la réaction de ses parents, il devrait être rassuré et pouvoir faire des choix ou prendre des décisions sans avoir peur de ne pas faire la fierté de ses parents. Pourquoi ? À cause d'un truc qu'on appelle « amour inconditionnel ». Pour moi, un parent qui n'est pas fier de son enfant et qui le lui dit, c'est un parent qui aime son enfant à condition : « à condition qu'il mène la vie que j'ai choisie pour lui », « à condition qu'il devienne ce que je veux pour lui ». Mais dans ce cas, où est la bienveillance ? Où est le soutien ? Où est l'amour ?

Même si c'est le cas, mon fils n'a pas à faire ma fierté : le plus important, ce n'est pas que je sois fière de lui, c'est que LUI soit fier de lui. Et c'est là toute la différence.

La seule personne qui doit être fière de toi, c'est toi.

J'ai malgré tout conscience que la plupart des parents ne sont pas des monstres qui souhaitent le malheur de leurs enfants. À travers leurs mots, ils projettent souvent leurs propres peurs, il y a un effet miroir. Nous menons, mes frères et moi-même, des vies professionnelles bien différentes de ce que nos parents imaginaient pour nous. Vu les difficultés professionnelles qu'ils ont connues, ils nous conseillaient de nous trouver un travail avec un salaire stable, cette fameuse sécurité de l'emploi « dans une banque, par exemple, ou prof » ! Je suis obligée de rire quand je vois les chemins qu'on a empruntés, mes frères et moi !

Évidemment que mes parents n'ont, dans un premier temps, pas compris mes choix. Évidemment qu'ils se sont fait du mouron. Évidemment qu'ils ont dû se dire « pourvu qu'ils ne connaissent pas la même merde qu'on a connue ». Et évidemment que lorsque j'ai commencé à prendre des cours de théâtre de façon professionnelle, ils m'ont dit « au pire, tu pourras toujours enseigner ». J'imagine que raccrocher chacun de mes rêves à quelque chose qu'ils connaissaient devait les rassurer. Ma mère a eu beau se dire que ce goût pour la scène ne devait pas venir de nulle part, elle ne connaissait rien à ce milieu, ni personne, ayant grandi loin de ce monde à Dunkerque. C'était l'inconnu et c'est surtout ça qui leur faisait peur.

La famille a tout à fait le droit de ne pas comprendre les choix ou décisions d'un de ses membres. Mais il y a une différence majeure entre « ne pas comprendre les choix mais les tolérer » et « les rejeter », voire « les punir ».

Que ce soit décider de s'éloigner d'une étiquette collée depuis l'enfance ou s'éloigner des objectifs que nos parents ou familles s'étaient fixés pour nous, l'équilibre familial peut être mis à mal. Soulignons tout de même que la deuxième option amène possiblement plus de conflits. Lorsque l'équilibre est bousculé, un autre équilibre doit se construire, ce qui peut prendre du temps. Mais il est, à mon sens, préférable d'en passer par là plutôt que de jouer le rôle de quelqu'un d'autre, de ne pas vivre sa vie, de se mentir constamment et d'être malheureux. Souvent, pour s'émanciper et voler de ses propres ailes, un éloignement sera nécessaire. Un éloignement mental parfois mais toujours un éloignement vital.

Donc en gros, si tu fais la fierté de tes parents, c'est cool. Sinon, c'est pas ton problème.

Voilà.

« Ne vous occupez donc pas de votre famille ! On n'arrive jamais à la satisfaire. »

Jules Renard,

un mec qu'on a lu à l'école.

Pas très joyeux comme fin de chapitre.

« L'amour d'une famille, le centre autour duquel tout gravite et tout brille. »

Victor Hugo,

un mec qu'on a aussi lu à l'école.

Plus sympa.
Merci Victor.

Estime de soi vs confiance en soi

Dans les années 1950, Maslow classe, dans sa fameuse pyramide, l'estime de soi parmi les besoins fondamentaux de l'être humain, juste au-dessus du besoin d'appartenance et juste avant le besoin d'accomplissement.

Autrement dit, avoir « une bonne estime de soi » serait, selon lui, une étape clé vers une vie heureuse et épanouie.

Sans blague ?

Même si l'estime de soi reste un des piliers majeurs de notre personnalité, elle n'en demeure pas moins une notion complexe et abstraite sur laquelle les humains peinent à s'accorder.

Du coup, revenons, comme d'habitude, aux fondamentaux.

C'est quoi l'estime de soi ?

« Estimer » vient du latin aestimare qui signifie aussi bien « déterminer la valeur de quelque chose » qu'« avoir une opinion sur… ». L'estime de soi est donc la perception que tu as de ta propre valeur. L'opinion globale que tu as de toi-même. Sa construction prend bien entendu racine dans la petite enfance et donc Papa et Maman vont jouer un rôle clé dans son développement.

Si tu as grandi dans un environnement stable, bienveillant, où tu t'es senti approuvé et en sécurité, il est fort probable que tu aies aujourd'hui une juste image de ta propre valeur, que tu t'aimes de manière inconditionnelle, que tu ne recherches pas ou très peu l'approbation des autres et que tu sois sur le chemin du succès et de l'épanouissement personnel. Bravo et tant mieux pour toi !

Si, au contraire, tu as grandi dans un environnement familial affectivement instable, voire carrément toxique ou humiliant, et que tu as toujours eu le sentiment que l'amour que l'on te donnait était fonction de tes accomplissements alors il est probable, qu'à l'heure où je te parle, tu souffres d'un manque considérable d'estime pour toi, que tu entretiennes des pensées négatives à ton sujet, que tu aies l'éternelle sensation de ne pas mériter les choses positives dans la vie, que tu sois fréquemment insatisfait et que tes actions soient en accord avec ces convictions négatives profondes. Il est fort possible d'ailleurs que tu attaches beaucoup d'importance au regard des autres pour améliorer ponctuellement l'image que tu as de toi-même et que tu aies développé une forme de dépendance affective. Bienvenue au club !

Tout ce que je viens de décrire, je l'ai connu. Il n'y a qu'à se référer à l'histoire que je t'ai contée tout au long de ce livre pour comprendre que je ne suis pas parti avec les meilleures cartes en main niveau estime de moi.

Attention, tu n'es pas obligé d'avoir grandi avec les Thénardier pour ressentir un manque d'estime. Il existe aussi des familles non toxiques, plutôt « normales », mais dans lesquelles règne tout de même une absence globale d'estime de soi qui se transmet de génération en génération.

Mais la bonne nouvelle, encore une fois, c'est que peu importe le point de départ car on doit bien commencer quelque part, l'important reste et restera toujours la destination.

L'estime de soi, c'est pareil que la confiance en soi ?

Il n'est pas rare en effet de confondre confiance en soi et estime de soi.

En réalité, la confiance en soi serait, pour bon nombre de spécialistes, une des composantes de l'estime de soi. Mais ce n'est pas la plus fondamentale. Patience…

La confiance en soi, c'est la foi que tu as en ta capacité à agir, et ce, indépendamment de la certitude du résultat positif. C'est la capacité à surmonter ses doutes et ses peurs et à se lancer. Elle est souvent liée à une évaluation objective de tes compétences et de tes ressources (que tu peux toujours acquérir au cours de ton parcours). C'est le fait de savoir que, peu importent les obstacles que tu rencontreras dans une possible nouvelle aventure dans laquelle tu te lances, tu trouveras toujours en toi et autour de toi les ressources pour faire face aux orages et continuer à avancer.

Il ne faut pas voir la confiance en soi sur un mode purement binaire : tu peux tout à fait avoir confiance en toi dans certains domaines de ta vie, ceux dans lesquels tu possèdes de solides compétences (dans ton travail par exemple). Ce qui ne t'empêche pas d'éprouver un manque de confiance dans d'autres domaines.

Super métaphore culinaire. Pour avoir confiance en soi, il convient d'avoir une juste perception de l'échec car la peur de l'échec reste la principale cause du *statu quo* dans la vie. « C'est parce que je laisse la peur de l'échec prendre les commandes que je ne change pas de travail, même si le mien m'ennuie et que j'aspire à d'autres horizons professionnels », enfin tu vois ce dont je veux parler et les multiples applications du frein lié à cette peur de l'échec.

Comme nous l'avons vu dans le « point cerveau », la peur est inhérente à la prise de risque et à la rencontre avec la nouveauté. Me lancer dans l'inconnu générera toujours de la peur et des doutes et non, je ne serai jamais prêt à 100 % avant de me lancer. Il convient d'accepter tout cela pour avancer sur le chemin de la vie. En cas d'erreur et d'échec, il est donc absolument inutile de se blâmer ou de bloquer même si, bien entendu, c'est plus facile à dire qu'à faire. Il est important de s'autoriser à échouer. Là encore, une juste perception de la situation permettra de comprendre pourquoi ça n'a pas marché et d'ajuster le tir. Car un échec n'est toujours que « temporaire ». En réalité, vous n'avez d'ailleurs pas échoué. Vous n'avez juste « pas encore » réussi.

Autrement dit, la capacité d'apprendre de ses échecs et de les transformer en opportunités pour réussir dans la vie, même des petites choses, va influencer le degré d'estime que nous allons avoir pour nous-mêmes. En gros, les petites victoires, c'est important et ça fait du bien.

Attachons-nous à présent à parler de l'image que l'on a de nous-mêmes et qui joue aussi un rôle déterminant dans la valeur que l'on se donne.

Tu parles bien, tu as une haute estime de toi, non ?

« Le succès modifie les gens, tandis que l'échec révèle qui ils sont vraiment. »

Mark Twain,

le mec qui a inventé* Les Aventures de Tom Sawyer *(et maintenant, tu as le générique dans la tête).

**« Je ne perds jamais.
Soit je gagne,
soit j'apprends. »**

Nelson Mandela,

*un mec qui s'est un tout petit peu
battu pour la liberté.*

L'image de soi

L'idée ici n'est pas de se construire une image démesurée de soi-même mais d'arriver à avoir une juste image de soi dans la vie, ce qui est beaucoup plus constructif.

Pour cela, la première étape est la connaissance de soi. Quelles sont mes qualités ? Mes défauts ? Mes limites ? Mes potentiels ? Mais surtout, quel est le regard que je porte dessus ?

Il n'est en effet pas rare d'observer chez des personnes ayant une faible estime d'elles-mêmes la tendance à minimiser, voire à occulter, les aspects positifs de leur personnalité et leurs réussites pour ne se concentrer que sur le négatif.

Pour ma part, j'ai longtemps eu du mal à reconnaître mes réussites et à leur donner du crédit. Comme si je ne méritais pas d'être un peu fier de moi pour toutes les choses positives que j'avais déjà installées dans ma vie. La prise de conscience et la reconnaissance de ses émotions sont primordiales ici. Je dois bien avouer que la pratique quotidienne de la pleine conscience et de la gratitude grâce à la méditation a contribué à améliorer considérablement l'image que je peux avoir de moi-même aujourd'hui.

La dernière composante de l'estime de soi reste à mon sens la plus fondamentale dans la vie : l'amour de soi.

L'amour de soi

C'est le pilier de l'estime de soi. Le mur porteur si tu préfères les analogies du bâtiment. S'aimer sans condition, indépendamment de ses réussites et de ses échecs, indépendamment des contraintes extérieures, indépendamment de ses défauts et ses qualités.

Florent Pagny chantait « Savoir aimer ». Désolé Florent, mais il eût été encore plus juste de chanter « savoir s'aimer ».

Le degré d'amour pour toi va bien entendu se traduire dans la manière dont tu vas te porter attention, dans la manière que tu auras d'être à ton écoute, mais aussi dans la manière que tu vas avoir de prendre soin de toi. Et quand je dis « prendre soin de soi », je ne parle pas seulement d'hygiène de vie. Il en va aussi de la façon dont tu vas aborder tes relations aux autres. Surtout les relations dysfonctionnelles.

On avait commencé à aborder dans le chapitre sur les schémas une question fondamentale à se poser en cas de décisions ou de situations difficiles, c'est : « Si je m'aime vraiment, qu'est-ce que je fais ? »

« Si je m'aime vraiment, est-ce que je continue cette relation qui me fait souffrir ? »

« Si je m'aime vraiment, est-ce que je continue de mal me nourrir ? »

« Si je m'aime vraiment, est-ce que je continue ce métier que je ne supporte pas ? »

Ça peut être des trucs plus légers aussi ?

Bien sûr ! Tu peux aussi te poser, par exemple, la question : « Si je m'aime vraiment, est-ce que je vais à cette soirée qui m'emmerde juste par peur de vexer ma voisine ? »

D'un point de vue rationnel, la réponse est bien évidemment toujours non ! Malheureusement, très souvent, on ne se pose pas cette question et on laisse notre ego prendre le contrôle de nos décisions. Notre ego qui nous dira : « Oh ben non, on va aller à cette soirée même si on est fatigué parce que ça ne se fait pas quand même… » Là, tu ne te choisis pas ! Tu choisis de répondre à une croyance au lieu de t'écouter.

Car évidemment, la qualité de cet amour que tu vas développer pour toi-même et entretenir tout au long de ta vie est très souvent un héritage de l'amour qu'ont pu te porter tes parents.

Au commencement était le lien

L'arrivée d'un bébé crée immédiatement l'émerveillement de ses parents. Le bébé est là, en vie. C'est tout ce qui compte et le bonheur est total.

Petit à petit, il arrive souvent que le simple fait que l'enfant existe ne soit plus suffisant. L'émerveillement des débuts disparaît peu à peu et les parents commencent à attacher plus d'importance au comportement de leur enfant qu'au simple fait qu'il soit en vie et en bonne santé. Et tout doucement, les ego des parents reprennent le dessus sur la pureté de l'être. C'est le début de l'amour à condition et l'enfant aura l'impression qu'il devra constamment se justifier d'être en faisant, en réussissant, en s'accordant à ce qu'il pense que ses parents attendent de lui. Comme si sa propre spontanéité ne suffisait plus. C'est la naissance du doute envers soi.

Ici la clé, pour les parents que nous sommes avec Maud, est de remettre systématiquement l'essentiel au cœur de chaque situation. Notre fils est vivant, il grandit, il est en bonne santé, et même s'il commet des erreurs ou adopte des comportements qui ne nous conviennent pas, cela ne doit pas changer le regard ni l'amour que l'on a pour lui. Évidemment, la clé de l'éducation n'est pas de dire « amen » à tout ce qu'il fait, surtout si ses actes portent préjudice à d'autres, mais de lui permettre d'apprendre de ses erreurs, d'en tirer les justes leçons, et surtout d'avoir la certitude qu'il aura toujours les ressources suffisantes pour faire face de manière harmonieuse aux choses de la vie. Qu'il pourra se reconstruire en cas d'échec et qu'indépendamment de ses performances dans la vie, nous l'aimerons toujours pour qui il est. Un être humain unique avec sa sensibilité. Avec sa singularité. Voilà, c'était mon petit conseil « Insta-papa ».

Amusons-nous à...
Cultiver l'estime pour soi

Ouiiiiii et on va rajouter un petit coloriage !

D'abord, je te propose quelques outils que j'ai moi-même utilisés (et que j'utilise encore). Libre à toi de choisir celui qui te parle le plus, libre à toi de tous les utiliser, libre à toi de ne rien faire. Sache juste que j'ai pu observer des bénéfices parce que je les ai pratiqués avec constance sur une période suffisamment longue (minimum un mois, le temps de construire une nouvelle habitude).

Bah oui, si tu y réfléchis bien, ce n'est pas en une séance de sport, même de 4 heures, que tu vas observer des transformations sur ton corps. C'est la mise en place de cette nouvelle habitude, « pratiquer un exercice physique, 3 à 5 fois par semaine » qui va, à terme, te permettre d'observer les meilleurs résultats. La constance, c'est toujours la clé. Et dis-toi bien que les solutions miracles, ça n'existe pas.

Ici, tu peux par exemple choisir un exercice et le pratiquer tous les jours pendant un mois. Puis changer d'exercice ou en ajouter un. Bref, commence petit, expérimente et trouve ce qui te fait du bien. Amuse-toi !

Dernière chose, il est toujours intéressant de noter dans un carnet tes ressentis tout au long de ta pratique. Déjà, ça va te permettre de tenir un journal de bord qui sera comme une trace écrite du chemin déjà parcouru. C'est bon pour ta confiance en tes capacités de te fixer un objectif « pratiquer cet exercice pendant 30 jours d'affilée » et de t'y tenir.

« Les pensées s'envolent, les écrits restent », disait le vieil adage. Tenir les comptes au quotidien est un soutien précieux et une marque concrète de l'attention que tu te portes.

Utiliser son corps

Les recherches en neurosciences démontrent que le cerveau ne fait pas la différence entre une situation imaginée et une situation vécue réellement (on en reparle plus loin). Il est intéressant de passer par ton corps et d'adopter la posture d'une personne pleine d'estime et d'amour pour elle-même. Quand tu visualises une personne de ce genre, qu'est-ce que tu vois ?

- **Comment se tient-elle ? Est-elle agitée ou enracinée dans le sol ?**
- **Comment sont ses épaules ? En avant ou en arrière ?**
- **Comment tient-elle sa tête ? Penchée ou droite ?**
- **Comment est son visage ? Fermé ou souriant ?**
- **Comment est sa respiration ? Rapide (et thoracique) ou calme (et abdominale) ?**

Spoiler : la bonne réponse est toujours la deuxième !

Maintenant que tu visualises bien cette personne, deviens physiquement cette personne : ancre-toi dans le sol, redresse la tête, mets tes épaules en arrière, détends ton visage, calme ta respiration par le ventre. Les études montrent que l'adoption d'une posture corporelle particulière d'une personne modifie sa physiologie. Ton cerveau y croit et libère les hormones adéquates et donc positives. Magie !

Répéter un mantra

Les affirmations personnelles positives quotidiennes te permettent de nourrir le feu du positif chaque jour. En général, il est intéressant de les pratiquer le matin au réveil (avant d'allumer ton portable) et le soir juste avant de te coucher. Le matin, ton niveau d'attention est maximal et c'est favorable pour l'assimilation des informations. Pendant la nuit, ton cerveau effectue des mises à jour de tes données mentales, donc lui donner à manger du positif avant de se coucher peut s'avérer bénéfique.

Dis-toi bien que tu ne peux pas avoir deux pensées antagonistes simultanément.

Si tu fixes ton attention sur une pensée ou une affirmation positive, tu annihiles instantanément l'autre possibilité, à savoir fixer ton attention sur une pensée ou une affirmation négative.

Tout comme la qualité de la nourriture que tu donnes à ton corps l'aide à fonctionner de manière optimale, la qualité des informations que tu donnes à manger à ton cerveau aura une influence positive. L'inverse est vrai aussi bien entendu.

Ceci est un exemple de mantra que j'ai créé pour toi, tu peux tout à fait créer le tien ou reformuler celui-là avec tes propres mots :

« Je choisis de m'aimer de manière inconditionnelle, indépendamment de mon degré de réussite et de l'approbation d'autrui. Je choisis de m'accepter comme je suis aujourd'hui avec mes défauts mais aussi avec mes belles qualités. Avec tout ce merveilleux potentiel qui est le mien.

Je sais que je possède en moi toutes les ressources, la force et la détermination nécessaires pour faire face aux choses de la vie. Je suis capable de tirer les justes leçons et de continuer à avancer courageusement sur le chemin qui est le mien.

J'ai l'entière capacité de créer chaque jour le monde que je désire créer, d'être la personne que je désire être à chaque instant et de vivre la vie que je désire vivre. Je suis capable de mettre en place chaque jour les actions nécessaires à ma réalisation et à mon épanouissement personnel.

Je choisis de me soutenir de manière inconditionnelle car je mérite l'amour et le respect. »

Tu peux te répéter ce mantra à haute voix dans la position décrite ci-dessus, tu peux même le répéter devant ton miroir ! Devant un miroir, ça te permet de réajuster ta posture aussi.

Je te conseille de répéter chaque petit paragraphe plusieurs fois calmement en écoutant avec attention ce que tu dis.

Lister tout ce que j'aime chez moi

Faire une liste de ce qu'on aime chez soi peut être bénéfique. Tu remarqueras la facilité déconcertante avec laquelle on peut faire la liste de ce qu'on n'aime pas. Il y a forcément des choses que tu aimes chez toi, que ce soit au niveau physique, compétence, qualité, tout ce que tu juges de positif chez toi.

Se regarder dans un miroir

C'est un exercice tout con qui fait un peu Marie-Francine Magazine, pourtant ça peut être difficile pour certaines personnes. Mais surtout bénéfique !

Selon ton degré d'estime pour toi, il peut y avoir plusieurs étapes :

- regarde-toi dans le miroir, tout simplement, sans jugement ;
- regarde-toi dans le miroir et cite les choses que tu aimes chez toi ;
- regarde-toi dans le miroir et dis à haute voix « je m'aime » ;
- regarde-toi dans le miroir et dis à haute voix « je m'aime de manière inconditionnelle ».

Se poser la question

On revient à cette question fondamentale :

Si je m'aime, je fais quoi ?

Colorie ton cœur de toutes les couleurs !

De l'importance d'être indulgent envers soi

L'amour de soi est un sujet qui me parle énormément. Je suis intimement convaincue qu'il est la base de tout. Et pour être honnête, je l'ai compris il n'y a pas si longtemps.

Je n'ai pas grandi dans une famille qui déborde d'estime et de confiance en soi. Je veux dire ma famille au sens large, oncle et tante compris. J'ai entendu je ne sais combien de fois ma mère dire : « Nan, mais moi, tu sais, je suis nulle ! » Ce qu'elle n'est absolument pas, c'est son propre regard sur elle-même qui lui fait dire ça. C'est son ego qui parle. Et je ne parle même pas des physiques dénigrés en se regardant dans la glace ! Ma tante a répété toute sa vie : « Moi, je suis moche. » Blonde platine, une taille de guêpe, un visage aux pommettes saillantes et des dents parfaites, comment pouvait-elle penser ça d'elle ? Pourquoi cette absence d'estime ? J'imagine qu'elle prend sa source il y a un paquet d'années et qu'enfants et petits-enfants en ont hérité : quand tu grandis entourée de gens manquant d'estime, comment peuvent-ils ensuite t'apprendre à en avoir ?

Il est intéressant de noter que mes parents sont tous deux des « accidents » de la vie, arrivés lorsque mes grands-mères pensaient leur fertilité terminée. Je précise qu'« accident » est le mot que mes parents emploient. Pas « surprise », mais « accident ». Avec quelle estime démarres-tu dans la vie quand tu dis de toi que tu es un accident ?

Ce manque d'estime, on le retrouve chez de nombreuses familles qui ne « veulent pas déranger », qui ne s'imposent pas, qui ne s'écoutent pas et qui surtout confondent « prétention » (qui est de l'ego) et « amour de soi ». C'est un sujet récurrent dans les messages que je reçois. Attention, pour la plupart, il ne s'agit pas de personnes ayant grandi dans un milieu toxique avec des parents destructeurs qui leur ont répété toute leur vie qu'elles sont des merdes et ne servent à rien. Dans un cas pareil, un accompagnement sera sûrement indispensable. Non, je parle plutôt d'un manque d'estime ambiant que je connais bien. Je parle de gens qui ne savent pas comment on fait pour s'aimer puisqu'ils ne l'ont pas appris.

J'ai longtemps pensé que je ne méritais pas. Je ne méritais pas l'amour, je ne méritais pas la réussite professionnelle, je ne méritais pas l'argent. Au même titre que mes parents. Bien sûr, ce ressenti était enfoui, il a fallu que j'aille le chercher. Il a fallu que je me l'avoue. « Qu'est-ce que vous pensez de plus négatif à propos de vous ? » m'a demandé un jour ma psy. « Que je ne mérite pas », ai-je répondu. À ce moment-là, je pensais que je ne méritais pas ce bébé parti trop tôt. Je ne méritais pas parce que je ne m'estimais pas digne de mériter et de recevoir. Il fallait que je reparte d'une feuille vierge. Comme si j'avais le classeur de famille avec toutes les croyances en héritage écrites sur des pages, que je les enlève, que je les mette de côté et que j'installe une nouvelle page, une page blanche pour écrire mon histoire. Sans l'influence de celle de ma famille.

Pourquoi est-ce que je ne mériterais pas ? Qu'est-ce que je veux vraiment ?

Et si je m'aimais, je ferais quoi ? J'ai commencé à me poser ces questions toutes simples dont on a déjà parlé. Elles ont été, pour ma part, libératrices.

Ma première réponse a été une grande avancée pour moi : « Si je m'aime, je suis indulgente envers moi-même. » Et on arrive ici à une notion qui a une place déterminante dans la vie.

La fois où je suis devenue indulgente envers moi-même

Avant d'arriver à l'amour de moi, je suis passée par l'indulgence et la gentillesse avec moi. On apprend aux enfants à être gentils avec les autres mais on oublie de leur apprendre à être gentils avec eux-mêmes, étape pourtant primordiale.

L'indulgence envers moi est directement liée à ma vision de « l'échec ». Et je mets évidemment ce mot entre guillemets puisque je ne crois pas à l'échec. Je suis déçue ou triste si quelque chose ne se passe pas comme prévu (du moins, comme moi je l'avais prévu), mais je ne me laisse plus dépasser par mon sentiment d'injustice. J'apprends. J'ai forcément quelque chose à apprendre. Je m'améliore. Et surtout, chose qui a changé ma vie, je décide de rester indulgente envers moi. Mes premières réactions face à un échec étaient soit de la victimisation (« Bah ouais, mais c'est de la faute de l'autre là ! »), soit de la dévalorisation (« Qu'est-ce que j'ai pas fait que j'aurais dû faire, qu'est-ce que j'ai mal fait ? »), associée à de la culpabilité (« J'aurais pas dû faire ça, j'aurais peut-être dû faire autrement, j'ai pas été assez loin, j'ai pas été assez… »). Ce comportement n'est pas constructif, et surtout, il me faisait souffrir. Il n'y a pas si longtemps, je reprochais encore les erreurs de la Maud d'il y a quelques années, je lui reprochais de ne pas en avoir fait assez. Je me le reprochais.

Puis cette question, « si je m'aime, je fais quoi ? », m'a réveillée. Si je m'aime, je suis indulgente. Si je m'aime, je m'accepte entièrement, aussi bien mes doutes et mes peurs que mes qualités et compétences. Et si je m'aime, je félicite les anciennes moi d'avoir fait ce qu'elles ont pu à ce moment-là, avec le bagage qu'elles avaient et les croyances limitantes qu'elles se trimballaient. Cette approche amène autre chose de non négligeable : la paix en soi.

Peux-tu un instant relever la tête du livre et te dire : « Désormais, je suis gentille (ou gentil) avec moi-même » ?

Et dans quelque temps, je te souhaite de relever la tête et dire : « Désormais, je m'aime inconditionnellement. » Répète-le-toi autant de fois que nécessaire, autant de fois que tu le souhaites. Il n'y a pas d'effet néfaste à s'aimer.

L'amour de soi amène une chose fabuleuse en plus de tout ça : les propos des autres ne t'atteignent plus. Quand tu décides d'évoluer et de te détacher des étiquettes qu'on t'a collées, il est possible que les autres cherchent inconsciemment à te ramener à ta place. Cette place qui les rassurait auparavant dans l'équilibre établi. Au moindre écart de ta part, ils peuvent te rappeler : « T'es toujours aussi maladroite, toi ! », « T'es bien le fils de ton père ! », « Comme d'habitude, t'as toujours un truc qui va pas ! » ou encore « De toute façon, t'as jamais d'argent ». Ce rappel à cet « ancien toi » peut déclencher une colère éphémère. Mais l'amour que tu te portes va, avec le temps, annihiler cette colère : quand tu t'aimes suffisamment, tu ne ressens même plus le besoin de te justifier et les attaques des autres ne te touchent plus.

Dernière chose, au risque de nous répéter, nous ne sommes pas psychiatre : si tu as grandi dans un environnement toxique où l'amour pour toi n'avait aucunement sa place et te semble extrêmement difficile d'accès, fais-toi accompagner. Tu le mérites.

La visualisation positive

La visualisation négative, en général on connaît bien. On est tout à fait capable de se créer une image mentale négative dans la tête, laquelle découle en général d'une pensée négative. Il n'y a qu'à laisser ton ego et son lot d'inquiétudes virtuelles prendre les commandes de ton cerveau et c'est parti pour la montagne russe de négativité ! Pire (et tu as dû déjà le remarquer), quand tu imagines une situation que tu redoutes, tu la vis aussi intensément que si elle était parfaitement réelle ! Et pour cause : de nombreuses recherches en neurosciences montrent que ton cerveau ne fait pas la différence entre une situation vécue ou imaginée, les mêmes zones sont activées et libèrent du coup les mêmes hormones. Autrement dit, il existe une physiologie du négatif qui s'active souvent à notre insu.

Partant de ce principe, existerait-il une physiologie du positif que l'on pourrait activer sur commande ? Peut-on se créer une image mentale positive qui libère les sympathiques hormones du plaisir ?

La visualisation positive va dans le même sens que la pensée positive. Le principe, c'est de se créer une image mentale positive : tu t'es probablement déjà retrouvé au travail à l'approche de tes congés en train de t'imaginer sur la route des vacances ou sur la plage, cocktail à la main ? En poussant ton imaginaire, tu es même capable de ressentir la chaleur du soleil sur ton corps et d'imaginer la vue ? Cette simple idée te met déjà en joie ? Eh ben c'est ça, la visualisation positive. C'est d'ailleurs une technique très utilisée chez les athlètes de haut niveau : ils visualisent leur victoire avec précision. Les grands golfeurs visualisent leur balle avant de taper, les basketteurs visualisent leur ballon dans le panier. C'est une technique également pratiquée par les joueurs d'échecs (à l'image du personnage de Beth Harmon dans la série *The Queen's Gambit*) ou même les grands orateurs : en visualisant leur intervention devant des centaines ou milliers de personnes, leur cerveau a l'impression de l'avoir déjà vécu quand arrive le jour J et la prise de parole en public est, de fait, facilitée.

Comment ça marche ?

La visualisation, c'est tout simplement imaginer une situation voulue, ou même rêvée, et la vivre comme si elle existait réellement. Comme lorsque l'on était enfant et que l'on croyait réellement à nos personnages ou situations. J'ai été princesse plus d'une fois dans ma vie et j'y croyais fermement ! Malgré les robes et chaussures trop grandes de ma mère !

Clairement, la visualisation est à prendre comme un jeu. L'idée est de ressentir toutes les émotions positives que la situation imaginée ou rêvée te procure. Plus ton image est précise, plus ton ressenti sera puissant. Pour cela, tu peux utiliser tous tes sens.

Si tu rêves d'une magnifique robe de mariage *(non, je ne parle absolument pas de moi, pourquoi tu penses ça ?)*, tu peux t'imaginer le jour de l'essayage par exemple : comment est le magasin ? Avec qui es-tu ? Quelle émotion ressens-tu ? Mais également quelle matière sens-tu sous tes doigts ? Est-ce qu'il y a des perles ? *(Oui.)* Du tulle ? *(Oui.)* De la dentelle ? *(Encore oui !)* Est-ce qu'il y a une traîne ? *(Évidemment !)* Est-ce que tu as froid en essayant ta robe ou au contraire, est-ce qu'il fait chaud ? Manges-tu ou bois-tu quelque chose ? *(Du champagne, quelle question...)*

Mets tes sens en éveil et surtout, amuse-toi ! La limite est ton imagination. Donc pas de limites.

Tu peux tout à fait pratiquer la visualisation pour des rêves ou des évènements importants comme un mariage, mais aussi dans le quotidien.

Comme pour la pensée positive, lorsque tu as une image mentale négative qui apparaît, tu peux la transformer en une image positive. En fait, tu as le pouvoir de t'engouffrer dans le négatif et de te provoquer d'éventuelles frayeurs ou de transformer cette image négative en quelque chose de plus positif et de kiffer le bien que ça te procure. Quitte à imaginer, autant imaginer ce qui te fait du bien !

La fois où je me suis autorisée à imaginer ce que je voulais

Lorsque j'ai commencé à faire de la visualisation, je restais très procédurale, très terre à terre. Je me contentais d'imaginer ce qui m'était familier. Autrement dit, ce que mon ego connaissait, parce que je pensais ne pas mériter plus grand. C'est Niseema Theillaud (dont je parlais dans le chapitre sur la pensée positive) qui m'a appris à trouver la « bonne » image mentale. Pas celle qui rassure mon ego, non, celle qui me procure vraiment du plaisir, celle que je désire ! Encore une fois, il s'agit d'imagination et j'ai le pouvoir d'imaginer ce que je veux.

L'idée est donc de trouver une image qui te fait du bien : si tu t'apprêtes, par exemple, à aller à un rendez-vous important (un entretien ou un examen), t'imaginer sur la route dans le métro ne va pas forcément te provoquer de belles émotions. Non, ce qui peut t'en procurer, c'est t'imaginer sortir gagnant de ce rendez-vous !

De même, si tu rêves d'une belle voiture blanche, t'imaginer à la banque en train de négocier un crédit n'est peut-être pas la meilleure image mentale. À moins que tu ne sois en kiff total sur ton banquier. En revanche, toi au volant de cette voiture sur une belle route dégagée peut te provoquer des émotions ! Amuse-toi !

J'ai pour ma part beaucoup pratiqué la visualisation après ma fausse couche, je visualisais mon ventre de femme enceinte, je visualisais mon enfant en parfaite santé, etc. Dès que j'avais des rendez-vous médicaux importants, ces images positives réduisaient mon anxiété. Aujourd'hui, je m'amuse à visualiser tout ce qui me fait plaisir et je sors parfois de visualisation en larmes… de joie ! Parce que mon cerveau y croit. Et ça, ça me fait un bien fou ! C'est d'ailleurs la raison pour laquelle je pratique la visualisation : ça fait du bien. C'est fun et j'en ressors pleine d'énergie. Peu importe l'issue de cette visualisation, tout ceci reste un jeu. L'important, c'est le bien-être que ça procure. Pas de performance, pas de pression.

« Si vous voulez réaliser quelque chose d’extraordinaire, commencez par le rêver. »

Walt Disney,

un mec qui aime bien les souris.

Je me permets de glisser un mot sur le SAR.

Le quoi ?

Le système d'activation réticulaire.

Le quoi ?

Pour faire simple, le système d'activation réticulaire ou le SAR (découvert dans les années 1940 par Magoun et Moruzzi) agit dans ton cerveau comme un filtre mental. Si on en croit les recherches en neurosciences, le SAR te permet de trier les millions d'informations que tu reçois chaque jour de manière inconsciente. Il va de soi qu'il est impossible de tout traiter, sinon nous serions tous fous. Ton SAR va donc faire le tri sauf qu'il le fait en fonction de ton système de croyances ! De fait, tu vas prêter plus attention aux choses auxquelles tu crois vraiment.

Revenons sur cet exemple de voiture blanche…

De robe blanche, tu veux dire ?

T'as déjà remarqué que si tu prends la décision d'acheter une belle voiture blanche, tu commences à voir « comme par hasard » plein de pubs à la TV, d'offres commerciales, ou à croiser cette voiture blanche partout où tu vas ? Ça, c'est le SAR.

Pour reprendre l'exemple de la grossesse, le jour où tu veux un bébé, tu ne cesses de croiser des femmes enceintes, des pubs pour des produits bébé, etc.

Ce n'est pas qu'il y en a plus ou moins qu'avant, c'est que d'un seul coup, tu y prêtes plus attention.

Pareil avec tes croyances : si tu as l'intime conviction que le « mariage rend les gens malheureux », ton SAR va filtrer les informations de ton environnement et fixer ton attention sur celles qui viendront confirmer cette croyance. Dans un article sur un mariage ou une anecdote qu'on te raconte, tu ne retiendras que les informations sur le pourcentage de divorces, sur les enfants qui pâtissent des disputes de leurs parents, etc.

Moi, je pense que les mariages, ça peut rendre les gens heureux. Je dis ça, je dis rien…

Là où je veux en venir, c'est que si tu as l'intime croyance que tu es capable de réaliser tel rêve ou d'atteindre tel objectif, visualise l'image mentale liée à cet objectif/rêve. Ton SAR deviendra ton allié dans cette quête et te mettra sur le chemin de la réalisation de cette image mentale.

Dernière chose : on se marie quand ?

Attends… Quoi ????

Le fabuleux destin de Marie-Jo

Laissez-moi vous conter l'histoire de Marie-Jo.

Marie-Jo est née dans les années 1950 dans l'Oise. Élevée dans un milieu très modeste, cette aînée d'une fratrie de trois enfants partage son temps entre l'école, sa passion pour le théâtre et la danse qu'elle pratique en cachette, et les ménages qu'elle fait pour aider sa mère tout en s'occupant de ses deux frères et sœurs.

Oui, je vous l'accorde, ça fait une vie bien remplie, surtout quand on n'a que 10 ans !

Le soir, quand tout le monde dort, cachée sous sa couverture, elle se réfugie dans les livres des grands auteurs qu'elle dévore à la lueur d'une lampe de poche. Parfois, à la télé, elle regarde le défilé des stars sur la Croisette au Festival de Cannes et se dit, au fond d'elle, qu'un jour elle montera les marches.

C'est cet imaginaire qu'elle développe au fil de ses lectures ainsi qu'une solide éducation scolaire qui lui permettront d'endurer la précarité de son quotidien rythmé par les disputes intempestives de ses parents.

Une fois son bac en poche, elle prend la poudre d'escampette et monte dans le premier train en partance pour l'Allemagne, laissant derrière elle cette vie qu'elle n'avait jamais choisie.

Là-bas, elle étudiera le droit mais surtout fera une rencontre qui changera à jamais le cours de son existence : son mari.

Trois décennies et deux enfants plus tard, après avoir passé sa vie à s'occuper des autres en milieu associatif tout en menant une carrière de directrice juridique puis de consultante, Marie-Jo a 60 ans quand elle décide, sur les conseils avisés de ses enfants, de s'inscrire dans un cours de théâtre professionnel pour tenter de poursuivre le rêve d'enfant qu'elle avait laissé quelque part le long du chemin.

Un an plus tard, son mari meurt d'un cancer foudroyant en six mois.

De nouveau, elle laisse son rêve de comédienne entre parenthèses pour faire face à cette nouvelle réalité et tenter de faire son deuil tout en essayant de maintenir l'activité commerciale de son mari parti trop tôt.

Huit ans plus tard, enfin débarrassée de ses responsabilités et alors qu'elle entame sa vie de jeune retraitée, elle reçoit une annonce de casting pour un rôle dans un film réalisé par un cinéaste iranien.

Elle décroche le rôle et s'envole pour la Jordanie où a lieu le tournage.

À l'heure où j'écris ces quelques lignes sur le parcours atypique de cette femme qui a survécu aux nombreuses tempêtes de la vie, le film dans lequel elle a joué est sélectionné en compétition officielle au Festival de Cannes 2022.

Cette année, Marie-José sera sur le tapis rouge. Cette année, à 69 ans, elle montera les marches du prestigieux Festival de Cannes. Cette année, ma mère réalisera enfin son rêve d'enfant.

Comme quoi l'image mentale qu'elle s'est créée petite devant sa télé a été plus puissante que les probabilités fatalistes de son début de vie et les aléas parfois douloureux de son existence.

Comme quoi, on ne sait jamais à l'avance ce que la vie vous réserve.

Alors autant voir et rêver grand.

Bravo maman. Je t'aime.

L'éveil

En finir avec l'illusion de l'ego

Le principal problème de nos existences, c'est que bien trop souvent nous pensons notre vie au lieu de la vivre tout simplement. Chaque fois qu'on va s'identifier à une pensée qui ravive un scénario négatif du passé ou qui nourrit une inquiétude sur l'avenir, on laisse instantanément notre mental et notre ego prendre les commandes de notre vie.

Quand l'ego s'exprime, c'est souvent une forme de souffrance latente résiduelle qui se réactive et qui va orienter, sur l'instant, notre perception d'une situation et déclencher à notre insu des réactions et des décisions automatisées. L'ego passe donc son temps à nous voler notre « ins-temps » présent, nous ôtant ainsi petit à petit notre précieuse énergie vitale. Eh oui, j'ai osé un jeu de mots.

Comme évoqué dans le mot sur la vigilance, quand notre vie est en jeu (si je croise un ours dans la forêt ou quand je manque d'avoir un accident sur la route par exemple), on quitte instantanément le mode automatique inconscient pour se reconnecter au réel. On se réveille à la situation. Ce réveil se traduit par un rétablissement de la vigilance à l'instant présent. C'est un peu comme quand tu te cognes le petit orteil dans la table basse de ton salon alors que t'es pas bien réveillé. La bascule sommeil/réveil se fait en une fraction de seconde et la douleur intense mais éphémère ressentie mobilise toute ton attention. À ce moment précis, tu es présent. Et cette connexion au réel fait immédiatement disparaître tout le flot de pensées dans lequel tu t'étais laissé embarquer.

Autrement dit dans la vie, soit on est « présent », soit on est « pensées ». L'ego et le réel ne peuvent donc pas coexister simultanément.

« Quand l'ego pleure ce qu'il a perdu, la conscience se réjouit de ce qu'elle a trouvé. »

Proverbe soufi

La (les) fois où je me suis senti bien

Pour ma part, je me souviens de moments rares de ma vie d'adolescent ou de jeune adulte où je me suis senti bien. Genre vraiment bien. Centré. Dans ces moments, le bruit sourd et chronique de l'inquiétude que je ressentais habituellement avait totalement disparu. Les doutes aussi. J'avais le sentiment d'être connecté à tout ce qui m'entourait à cet instant : le vent, la chaleur du soleil sur ma peau, le bruit de la nature environnante. Comme si je ne faisais qu'un avec le monde qui m'entourait. Plongé dans ce moment de grâce, j'ai expérimenté la paix de l'âme quand elle est connectée au flot incessant de la vie et qu'elle la laisse œuvrer en elle. Si toi aussi tu as déjà vécu ce type de moment (souvent) éphémère, tu reconnaîtras de manière indéniable le caractère à la fois apaisant et vivifiant de cette rencontre avec le réel.

Le principal souci de la situation que je viens de décrire, c'est que trop souvent ma présence au réel a été involontaire. Très vite, c'est reparti pour la danse des habitudes, des pensées négatives et autres prises de tête du moment « pas présent ».

Pourtant ce constat de l'ego et la présence au réel qui ne peuvent exister simultanément nous ouvre une voie intéressante sur le chemin de la paix et de la liberté intérieure.

Bah oui, tout comme j'ai laissé jusque-là mon ego aux commandes de ma vie (sauf à de très rares occasions), je peux aussi choisir de reprendre spontanément le contrôle et rétablir ainsi plus de libre arbitre dans mon existence en apprenant à m'éveiller sur commande à l'instant présent.

Tu vois la piste intéressante qui se dessine là ?

Du réveil à l'éveil

Si on revient à l'étymologie du mot s'éveiller, on s'aperçoit qu'il est issu du latin vigilare, lui-même construit du latin vigil qui signifie « attentif » et qui a donné « vigilant ». Autrement dit, la présence à l'instant implique une qualité de conscience qui se cultive au quotidien : la vigilance.

La beauté de l'instant présent, c'est qu'il est toujours là. Autrement dit, tout est déjà là. Je n'ai qu'à me connecter à lui et je peux instantanément me débarrasser de mon ego et voir mes pensées comme ce qu'elles sont en réalité : des constructions éphémères qui traversent mon état de conscience et que je peux choisir de suivre ou pas.

D'ailleurs, et comme on l'a évoqué précédemment, l'idée n'est pas de renier toutes les pensées mais plutôt de ne pas se laisser dominer par elles. Ainsi, en devenant l'observateur bienveillant de mon esprit, je peux analyser leur caractère pertinent, utile ou parasite et décider en conscience de leur attacher de l'importance ou pas.

La vigilance est donc la porte d'entrée vers l'instant présent.

Dans les premiers temps, elle nous permet de nous réveiller temporairement en nous sortant du flot hypnotique des pensées dans lequel l'ego nous entraîne à longueur de journée. Cet état duquel nous sort instantanément la vigilance peut d'ailleurs s'apparenter au sommeil qui a lieu la nuit. Car, si on y réfléchit bien, que sommes-nous sous l'emprise de nos ego si ce n'est des « somnambules » en interactions ?

Petit à petit, la pratique volontaire de la vigilance nous permettra d'aborder les choses de la vie avec moins de réactivité et de gagner en sérénité.

C'est d'ailleurs souvent dans ces états de quiétude, où l'on ne subit plus le flot incessant des pensées automatiques, qu'émergent la créativité et les réponses utiles à notre vie.

Il m'est arrivé de nombreuses fois d'avoir le sentiment d'être frappé par une idée, une sorte d'évidence qui m'est apparue d'un coup comme si j'avais été, à ces moments-là, connecté à quelque chose de « plus grand que moi » qui me donnait des réponses sur la vérité du chemin à suivre.

Tout est déjà là. Il nous suffit d'apprendre à écouter.

L'ego *vs* la conscience

« Conscience », « cœur », « guide intérieur »… Tu as peut-être déjà entendu parler de cette notion qui est à l'opposé de celle de l'ego. En spiritualité, on dit qu'il faut savoir faire taire son ego pour aller vers cette conscience, vers son cœur. C'est la fameuse phrase « écoute ton cœur ». Elle peut paraître très cliché et digne de la série « Les vacances de l'amour ». Pourtant, elle te fait souvent prendre la meilleure décision possible, celle qui s'éloigne de ton ego et qui te ressemble le plus.

Si je devais schématiser, je dirais que :

- l'ego, c'est ton système de croyances ;
- la conscience, c'est ton intuition ;
- l'ego observe, analyse, compare ;
- la conscience regarde, sans jugement ;
- l'ego survit ;
- la conscience vit.

C'est pas une chanson de Francis Cabrel ?

C'est un peu le phare dans la nuit qui te montre toujours le bon chemin, cette petite voix qui te dit que tu mérites tout simplement l'amour et le respect sans condition. L'idée, c'est d'arriver à faire en sorte que ton ego, rassuré, écoute cette petite voix.

Chaque fois que j'ai une décision importante à prendre, chaque fois que je suis perdue dans un tsunami de pensées, je « descends la décision au cœur ». Ça veut dire quoi ? Ça veut dire que je me pose cette question qui met mon ego de côté, cette question qui accompagne chacun de mes choix laborieux :

Et si j'enlève mes peurs, je fais quoi ?

« L'esprit cherche et c'est le cœur qui trouve. »

George Sand,

une femme aux phrases qui tuent.

Un point sur la méditation

Comme je l'ai précisé à plusieurs reprises dans ce livre, la méditation est un outil précieux que j'utilise au quotidien pour m'aider à stabiliser mon esprit, à surmonter les moments de stress, mais par-dessus tout me permettre d'apprendre chaque jour à lâcher un peu plus prise sur mon mental, à me connecter au réel et à apprécier tous les petits cadeaux que la vie a à m'offrir.

Whaou, ça a l'air cool !

Pour ne rien vous cacher, j'ai longtemps hésité avant de me lancer à cause de tous les préjugés et les représentations erronées que j'ai pu avoir à propos de la méditation.

Disons qu'avant de m'y intéresser sérieusement, je pensais que méditer ça se résumait à ça :

Oui, je sais, ça fait cliché mais c'était l'image que j'en avais. Pour moi, les gens qui méditaient étaient un peu « perchés », sorte d'anciens soixante-huitards babas cool livides qui mangeaient des graines de courges et surtout pas connectés à la fast life du monde occidental empreinte de son « j'ai pas le time ! Je bosse comme un malade et j'avance dans la vie ». Bref, ils avaient choisi des vies d'ascète et passaient leurs journées à pratiquer la méditation au fin fond d'un ashram en Inde.

Très, mais alors, très loin de la réalité.

Mes débuts

J'ai commencé à méditer régulièrement en juillet 2018. J'avais envie de commencer quelques mois auparavant, mais j'ai profité des vacances d'été pour pouvoir instaurer cette nouvelle habitude dans ma vie sans pouvoir me cacher derrière les excuses du style : « Je n'ai pas le time ! Je bosse comme un malade et j'avance dans la vie… » Tu connais.

Si toi aussi tu souhaites t'y mettre, je te recommande vivement de commencer par la médiation guidée. C'est ce que j'ai fait. Personnellement, j'utilise une application qui s'appelle « MIND » et qui a aujourd'hui toute ma confiance mais il en existe d'autres.

Pourquoi je te donne ce conseil ? Tout simplement parce que tu auras le plaisir d'être accompagné à chaque séance par des enseignants avertis et bienveillants.

Je parle d'enseignants car la médiation n'a rien d'abstrait, de « perché », c'est une pratique concrète. Probablement la plus concrète qui existe. Et comme toutes les pratiques, c'est mieux de débuter avec un enseignement.

Vois ça comme le ski. Si t'es débutant et que t'as jamais skié, il ne te viendra jamais à l'idée de louer un snowboard et de te lancer sur une piste noire directement. Tu vas probablement t'inscrire à l'école de ski, prendre quelques leçons et apprendre les bases. Une fois que c'est acquis, tu pourras augmenter progressivement le niveau de difficulté et faire preuve de plus de liberté par la suite si tu le souhaites.

C'est la même chose avec la méditation. C'est une pratique. Comme le sport sauf que là, il s'agit d'un entraînement mental. Le mieux dans tout ça, c'est qu'il n'y a rien à réussir. Je sais, au début, ça peut être déroutant car on veut tous « bien faire », devenir un « bon élève méditant » et l'absence d'objectif quantifiable peut être déroutant surtout quand on vit dans nos sociétés contemporaines occidentalisées.

C'est toute la beauté de la méditation : en suivant deux trois idées élémentaires, tu peux commencer à méditer très facilement et très rapidement.

Comment ça marche ?

L'idée générale est de te connecter à toi, de partir de toi, de ramener toute ton attention sur toi. Et plus particulièrement sur ton corps, ta respiration, tes ressentis, tes émotions du moment ou encore les sons qui t'entourent indépendamment de leur caractère agréable ou désagréable. Bref, l'idée est de te connecter à l'ici et maintenant. À ce qui se passe en toi et autour de toi. En procédant ainsi, tu rétablis et tu cultives la vigilance à l'instant.

Peu importe que tu sois de mauvaise humeur, fatigué, reposé, en colère, triste ou joyeux. Il n'y a pas de « bon moment » pour méditer.

L'idée est de t'accorder toute ton attention quelques minutes par jour. C'est un très beau cadeau que tu te fais.

Si ton esprit t'emmène dans des scénarios alors que tu étais censé te focaliser sur ta respiration, pas d'inquiétude. Ce n'est pas un échec. Comme il n'y a rien à réussir, tu prends juste le temps de voir où ton esprit t'a emmené puis, avec douceur, tu ramènes ton attention à ton corps et à ta respiration. Tu vas apprendre, par cette mécanique, à cultiver ta vigilance au moment présent et à dompter, avec le temps, ton esprit indiscipliné et sauvage. Ce qui est très utile dans la vie, crois-moi.

Commencer petit mais tous les jours

En général, les séances d'initiation durent une dizaine de minutes. Je te recommande donc dix minutes quotidiennes. Et ne me dis pas que tu n'as pas dix minutes par jour à t'accorder.

Me concernant, j'aime bien commencer ma journée en méditant. Pour moi, un réveil mental et corporel, ça fonctionne bien. Mais là encore, aucune règle. Tu peux faire ça quand tu veux et où tu veux : à la pause déj, dans le métro ou encore le soir avant de dormir. Expérimente et trouve ce qui te va le mieux.

Le principal reste la régularité de la pratique, comme à chaque fois que tu veux mettre en place une nouvelle habitude. Tu connais le refrain.

Moi, par exemple, j'ai pratiqué le premier cycle d'initiation pendant plus d'un mois avant de passer au cycle suivant. Tu prends le temps que tu veux. Ce n'est pas comme avec les études ou le travail où tu as des niveaux à passer, des objectifs à atteindre, des cases à cocher pour évoluer ou obtenir un diplôme. C'est un travail sur toi et pour toi. Il n'y a rien à réussir.

À chaque séance, l'enseignant t'apprend plein de trucs cool et te guide à travers cette notion élémentaire de ramener sans cesse ton attention à ta respiration, à ton corps ou encore aux sons environnants même quand l'esprit s'évade. Car n'oublie pas que c'est sa nature de s'évader. Ce cadre bienveillant est donc très rassurant quand on commence.

Les bénéfices que j'ai observés

Grâce à cette pratique régulière, j'ai réussi à rétablir une qualité de conscience dans ma vie là où, par le passé, je me laissais embarquer trop facilement à mon insu dans les tribulations de mon ego. J'avais pour habitude de m'identifier systématiquement à mes pensées négatives, à cultiver un dialogue intérieur négatif… Bref, tu connais le refrain à présent.

J'ai appris, de manière douce, bienveillante et implicite, à travailler sur moi, à modifier ma manière d'aborder mon expérience. À accueillir ce qui se passe en moi sans jugement et ce, indépendamment du caractère positif ou négatif de mes pensées ou émotions. Bien entendu, le travail continue en sous-marin en dehors des séances formelles. C'est toute la beauté de cette pratique.

Rétablir de la vigilance dans ta vie, te porter attention et soin avec bienveillance, gagner en sérénité, voilà le but de tout ça si on devait en définir un.

En te ramenant au réel, tu te connecteras à la vie dans son sens le plus pur et tu la laisseras œuvrer en toi car, qu'est-ce que vivre si ce n'est être pleinement disponible à ce qui se passe ici. Pas hier. Pas demain. Mais maintenant.

Si tu veux découvrir MIND, tu as - 25% sur tous les abonnements avec le code NAMASKEY25.

Et un code pour le prochain concert de Fiestaccoustic, t'as pas ?

Un mot sur la gratitude

Vite fait hein. Parce qu'on en a tous un peu marre d'entendre ce mot à longueur de temps ! À en croire certains coachs ou autres comptes Instagram, il faudrait remercier la vie pour tout et n'importe quoi. Il faudrait apprendre à apprécier chaque petit moment simple du quotidien. Et blablabla, et blablabla. C'est énervant à la fin !

« La gratitude ?! Avec tout ce qu'il se passe dans le monde ?! »

Non, la gratitude parce que, malgré tout ce qu'il se passe dans le monde, toi, t'es en vie.

Eh oui, j'ai l'honneur de vous annoncer que je suis complètement cette personne qui remercie la vie ! Hi hi hi !

En même temps, vu le thème du livre, comment en serait-il autrement ? « Ouais, je pratique la pensée positive, la visualisation, j'ai aussi fait la paix avec mon corps, par contre la gratitude, c'est non, que dalle ! Faut pas déconner non plus ! » Ce ne serait pas cohérent.

« Bon ok, pourquoi pas, mais remercier qui ? » J'y viens.

Tu as dû le remarquer, l'être humain a une fâcheuse tendance à accorder plus d'importance au négatif qu'au positif : si tu fais un discours dont t'es hyper fier et que 100 personnes dans la salle t'écoutent, tu vas avoir tendance à te prendre la tête sur les dix qui n'ont pas aimé plutôt que de te centrer sur les 90 autres qui ont apprécié. Tu vois de quoi je parle ? Moi aussi !

Et parfois, on se focalise tellement sur ce qu'on n'a pas (encore) qu'on oublie ce qu'on a (déjà). La gratitude, c'est être reconnaissant pour ce qu'on a déjà, pour ce qui est là. Pour ceux qui ont apprécié ton discours. Ce qui n'empêche pas de désirer des choses qu'on n'a pas encore ! Mais ce qu'on veut ne doit jamais nous faire oublier ce qu'on a déjà.

La fois où j'ai remercié

L'année dernière, j'ai commencé à tenir un carnet de « cadeaux de la vie ». Chaque fois qu'il se passe quelque chose de beau, je le note. Au départ, j'ai commencé à écrire ce carnet pour me rappeler ce qui est là et que je peux facilement oublier, surtout en période de doute. En l'écrivant, je me suis replongée dans la joie de recevoir. Plus je notais et plus je me disais : « J'ai tellement de chance d'être en bonne santé, d'avoir une maison, un conjoint dont je suis toujours amoureuse, un enfant que j'aime au-delà des mots, du temps. Du temps ! » J'ai réalisé à quel point le temps était un cadeau précieux ! Et au fur et à mesure, je n'ai plus attendu qu'il se passe quelque chose d'un peu fou, j'ai noté les petits bonheurs du quotidien. Comme le temps, justement. Le temps pris avec ma famille pour faire un tour en forêt. Ouais, je sais, ça fait vieille bobo parisienne qui découvre la campagne. Même moi, je me suis auto-saoulée en écrivant cette phrase. Et pourtant, c'est si vrai.

La gratitude fait partie de ma vie depuis un bon moment maintenant. Je remercie beaucoup et souvent, je remercie bien évidemment les gens que j'ai croisés et qui m'ont apporté quelque chose d'une manière ou d'une autre. Je remercie les plantes et fleurs de mon jardin. Je remercie mon corps bien sûr. Je remercie les choses aussi parfois. Oui, oui, les choses. On ne juge pas, merci. J'ai remercié mon ancien appartement quand je l'ai quitté. Mon fils y a fait ses premiers pas, rien que pour ça, merci. J'ai remercié ma nouvelle maison de nous avoir accueillis. Et quand je pars d'un hôtel, je remercie la chambre. (Non, je ne suis pas folle, j'ai juste 4 ans et demi par moments.)

J'ai remercié des centaines de fois dans ma vie. Mais dans toute cette gratitude, j'avais oublié de remercier le principal. Un jour, je racontais à un thérapeute certains de mes épisodes douloureux en me désignant en partie responsable. Mais lorsque j'évoquais mes épisodes heureux, je lui disais : « Je sais pas qui je dois remercier, mais j'ai eu de la chance ! La vie peut-être ? Ha ha ha ! » (rire gêné). Il m'a alors répondu : « Non. Vous. » J'ai écarquillé les yeux. Il m'a fait remarquer que lorsqu'il s'agissait d'évènements négatifs, je lui parlais de ma responsabilité mais quand c'était positif, tout à coup, c'était grâce à la vie ? « C'est grâce à vous Maud, c'est vous qu'il faut remercier. »

Voilà ce qui j'avais oublié : moi !

Ce que j'ai dans la vie, je me le dois. Bien sûr, j'ai été accompagnée, bien sûr j'ai reçu de l'aide par moments. Mais je suis à la base de tout. Comme toi. Tu es à la base de tout. Et si la gratitude, c'est être reconnaissant, ça veut dire avec tout le monde, y compris nous-mêmes. Remercie-toi, félicite-toi ! Je dis ça alors que j'ai encore tendance à m'oublier dans l'histoire, ce sont les autres qui me le rappellent. Et parfois, il peut encore m'arriver de répondre « oh, ce n'est rien ». Non, Maud, ce n'est pas rien.

La gratitude fait vraiment partie de mon quotidien, encore plus quand je suis dans une période sombre. Ça m'est nécessaire. Je prends mon carnet et je relis. Et puis je prends le temps de remarquer les trucs cool, les petits moments de bonheur quotidien. Faut réussir à les choper, ils peuvent être tout simples.

Ah oui, quand tu dis simple, c'est simple…

Ok, j'exagère un peu. Mais sortir dans mon jardin et ressentir le soleil sur mon visage, oui, rien que pour ça, merci. Et merci de penser à la crème solaire indice 50 aussi.

Quand je relis ce que j'écris, j'ai un peu l'impression de décrire une fille avec une grande robe informe en lin, des Birkenstock, qui vit dans une yourte et qui boit des tisanes avec des plantes cheloues. « Oui, je les ai ramenées de mon dernier voyage à Katmandou. »

Je te rassure, je peux insulter très très fort un Lego qui traînait sur le tapis alors que je suis pieds nus. De même que si tu me demandes de remercier qui que ce soit avant l'arrivée de mes règles, tu ne vas pas être bien reçu. Mais la plupart du temps, je prends ce moment de gratitude.

Rien que quelques minutes peuvent suffire à me sentir bien. Je vais même prendre ce petit moment maintenant : merci à vous de lire ces mots.

« Si tu écoutes ton corps quand il chuchote, tu n'auras pas à l'entendre crier. »

Proverbe tibétain

Parler à son corps, quézako ?

Oui, parler à son corps, c'est un concept qui peut surprendre au premier abord. Et pourtant, il n'y a rien de plus naturel. À titre personnel, parler à mon corps m'a énormément apporté, pour ne pas dire « m'a changé la vie ». Oh si tiens, je peux le dire !

Remontons en arrière. Septembre 2017, ma fausse couche. Non, c'est trop loin. J'avance un peu. Janvier 2018, je commence ma psychothérapie. J'avance encore. Juin 2018. Voilà, c'est là. Le 20 juin pour être précise. Cela faisait plusieurs mois que j'étais en thérapie. Et les séances étaient souvent ponctuées de douleurs dans le bas-ventre. Quand j'en parlais à ma psy, elle me disait que ça pouvait être de la somatisation : je lui parle de ma fausse couche, des douleurs se réveillent. Ok, je comprends.

En mai 2018, je pars à Cuba et au cours du séjour, mes règles arrivent. Je ressens alors des douleurs au niveau de l'utérus que je n'avais jamais autant ressenties. Des douleurs qui te font pleurer, vomir, tordre, tomber. À mon retour, j'évoque ce supplice à ma psy, pensant encore à de la somatisation. Mais elle me demande si j'ai toujours eu ce type de douleurs. Je lui réponds tout naturellement oui. J'ai toujours eu des règles douloureuses et je n'avais pas pensé qu'il était important d'en parler ici. Ma psy me suggère alors de passer une échographie. Mes maux m'avaient déjà amenée à passer des échos qui n'avaient jamais rien montré. Ces douleurs avaient été diagnostiquées « normales », elles étaient devenues ma norme au fil du temps.

Je passe donc une échographie puis une IRM qui ont toutes deux permis d'établir un nouveau diagnostic : le 20 juin 2018, j'apprends que je suis atteinte d'endométriose. Elle était visiblement là depuis un moment, probablement depuis le début de mes règles. Mais le diagnostic est malheureusement souvent très long.

Le radiologue m'explique ce qu'est l'endométriose (grossièrement, ce sont des cellules de l'endomètre qui se développent en dehors de l'utérus et qui provoquent des lésions) et dresse un portrait sombre de mon avenir : il me parle des difficultés à avoir des enfants, me dit que l'endométriose peut être à l'origine de ma fausse couche, évoque la possible opération chirurgicale, le fait que la maladie allait évoluer jusqu'à la ménopause donc les douleurs allaient s'amplifier si je ne faisais rien, etc.

Petite précision : j'ai appris par la suite que ce médecin, aussi sympathique soit-il, n'y connaissait rien en endométriose. Il est important de passer des examens avec des spécialistes.

J'étais déjà en colère contre mon corps parce qu'il me faisait mal tous les mois et parce que je lui en avais voulu de ne pas avoir été capable de garder un bébé. Mais ce jour-là, avec ce diagnostic et ces informations, ce n'était plus de la colère, c'était la guerre, une guerre totale contre mon corps. « Ce serait donc toi le coupable de ma fausse couche ??? Ce serait ta faute si mon bébé est parti ??? Mais sois maudit !!! » Bon bref, j'étais un tout petit peu énervée…

Début juillet, j'ai rendez-vous chez une chiropractrice réputée pour les douleurs pelviennes. Dans son cabinet, je lui évoque la haine que je ressens envers mon corps. Elle m'écoute, me calme et me dit une phrase qui restera gravée :

« Maud, il est temps de faire la paix avec votre utérus ».

Je n'avais jamais entendu un conseil aussi absurde. On va dire abstrait. Mais ok, pourquoi pas, j'étais prête à tenter. Je ne savais pas précisément comment faire (elle m'avait juste dit « faites-le de la manière qui vous correspond »), mais je voulais bien essayer. Après tout, il y avait zéro risque à tenter.

Le matin du 8 juillet 2018, je me réveille et je sens que c'est le bon moment. Pourquoi ? Absolument aucune idée. Toujours est-il que je pose tout naturellement mes mains au niveau de mon utérus. Je ressens une grande chaleur et je me décide à lui parler à voix haute : « Bon ben voilà, mon utérus, je sais que je n'ai pas été très très cool avec toi ces derniers temps. Et j'ai jamais été cool d'ailleurs… », et me voilà à demander pardon à mon utérus. Pardon d'être en colère contre lui, pardon de l'avoir accusé de tous les torts, pardon de l'avoir insulté tous les mois à cause des douleurs. Je suis à ce moment sincèrement désolée, me remémorant les nombreuses fois durant lesquelles j'ai pesté contre lui, et les larmes me montent. Je poursuis en le remerciant d'avoir réussi à accueillir quelque temps un tout petit bébé malgré l'endométriose, il m'a prouvé qu'il était capable de le faire, qu'il est fort. Qu'on est forts. Je termine en lui disant que j'ai foi en lui, que j'ai foi en nous, que tout ira mieux maintenant. Et enfin, qu'on va réussir à réaliser notre rêve : avoir un bébé. Je suis en larmes, décontenancée mais soulagée.

Le 17 juillet 2018, je tombe enceinte… Aujourd'hui encore, je n'arrive pas à me dire qu'il puisse s'agir d'une pure coïncidence.

Il faut savoir qu'à partir du moment où j'ai découvert mon endométriose, elle ne m'a plus jamais fait souffrir : elle est devenue asymptomatique. Elle m'a envoyé un signal fort (une putain de douleur de ouf pour être correcte) qui m'a amenée à faire cette IRM révélatrice, et après, elle s'est endormie. Je suis en paix avec elle, elle est en paix avec moi. Des tas de personnes et professionnels médicaux m'ont dit et répété : « Ne sois pas si positive, peut-être que ta grossesse a endormi ton endométriose pour l'instant mais les douleurs vont revenir. » Très sympathique de dire ça à quelqu'un qui a souffert pendant vingt ans tous les mois ! À croire que les gens souhaitaient me voir morfler à nouveau…

Nous sommes près de quatre ans plus tard et les examens que je fais régulièrement ne montrent aucune évolution de mon endométriose. La dernière spécialiste consultée m'a dit « je pourrais faire un copier-coller de vos résultats de juin 2018 ». Plus de douleurs, plus d'évolution. On m'avait annoncé tout l'inverse.

On pourra toujours appeler ça un hasard. C'est peut-être le cas et à vrai dire, on s'en fout, l'important est ce que cette paix avec mon corps m'a apporté. Mais pour être franche, j'ai beaucoup de mal avec cette idée de simple hasard qui réduirait considérablement la force du corps. Je suis convaincue du pouvoir extraordinaire du corps et du pouvoir de la pensée positive sur le corps.

En même temps, je n'ai rien inventé, il n'y a qu'à constater « l'effet placebo », ce principe thérapeutique qui consiste à donner un remède à un malade qui, sans le savoir, avale en fait un morceau de sucre et qui pourtant guérit. Autrement dit, la pensée positive entraînerait une physiologie positive. À l'inverse, on parle de « l'effet nocebo » quand quelqu'un est capable de se provoquer des maladies ou les effets secondaires d'un médicament par exemple, alors qu'il a pris ce même morceau de sucre. Sans parler de la somatisation que j'évoquais plus haut (une diarrhée qui débarque avant un rendez-vous important, un eczéma qui apparaît après une mauvaise nouvelle, un mal de dos aigu pendant une période chargée, etc.).

Depuis cet épisode, je parle régulièrement à mon corps. Durant toute ma grossesse, je n'ai pas cessé de demander à mon corps de prendre soin de mon fils. Je visualisais mes organes protéger mon bébé. « Bon, allez, Martine, ferme ce livre, elle est complètement folle. » Je peux comprendre que ça puisse paraître perché ! Moi, j'appelle ça simplement « être connecté à son corps ».

En méditation (et dans d'autres pratiques comme le yoga), il existe un exercice qui s'appelle « le scan corporel » et qui consiste à visualiser chaque partie de son corps (en commençant par les pieds) et à les remercier. Pas un jour ne se passe sans que je pratique ce scan corporel. Je visualise mon corps en parfaite santé. Là encore, je n'ai rien inventé. Je pense à toutes ces personnes à qui on a dit un jour « vous ne remarcherez plus jamais » et qui aujourd'hui trottinent.

Ok, concrètement, comment je procède ?

On est bien d'accord que ce qui suit reste une démarche très personnelle, il n'y a pas de formation pour « parler à son corps » ! Et surtout un avis médical sera toujours le bienvenu, c'est même primordial. Je suis la première à appeler un médecin, à prendre du paracétamol ou un antibiotique ou à me faire vacciner. Mais j'adjoins à tout ça la « connexion à mon corps », le dialogue. L'un n'empêche pas l'autre.

Libre à toi de faire ce que tu veux. Tu as entièrement le droit d'en avoir rien à foutre de chercher un lien émotionnel à tes douleurs et de vouloir juste t'en débarrasser sans prise de tête. Me concernant, je suis incapable de ne pas « chercher plus loin » mais j'imagine que c'est en lien avec mon côté « control freak », ce besoin de tout comprendre et tout maîtriser. Et puis j'aime chercher un sens à tout ça.

On aurait tendance à croire qu'enquêter sur une possible cause émotionnelle derrière mes douleurs pourrait me faire culpabiliser. Il n'en est rien, c'est même le contraire : tout ceci m'aide à mettre la lumière sur des choses que j'aurais tendance à (me) cacher, m'aide à prendre conscience que je ne suis pas une éternelle victime et que j'ai un potentiel pouvoir sur mon corps.

Oui bon d'accord, ça papote, ça papote, mais comment je fais ?

Chaque fois qu'une douleur chronique se réveille, je questionne mon corps. Je dis « chronique » parce que je me pose moins la question si par exemple, un soir j'ai mal au ventre alors que l'après-midi même, je dévorais l'intégralité de mes chocolats de Pâques. J'estime que lorsqu'une douleur revient systématiquement, c'est qu'elle a quelque chose à nous dire.

Je me mets dans une position confortable qui évite les tensions (je décroise les jambes par exemple), assise ou allongée. Comme la méditation, parler à son corps ne nécessite pas de s'asseoir tout en haut d'une colline, avec la doyenne du village qui fait des prières dans une langue inconnue, un aigle posé sur l'épaule, un soir de lune rousse. Rien de mystique, tu peux être allongée sur ton lit comme assise sur des toilettes à 4 h du mat'.

Je ferme les yeux, je visualise la zone qui me fait mal et je demande à voix haute à mon corps le message qu'il tente de m'envoyer à travers cette douleur. Très vite, des images me viennent, des associations d'idées se dessinent. Me revient une discussion que je n'ai pas osé aborder quelques jours avant, un choix que je regrette et que je n'assume pas de regretter, les paroles d'un ami ou d'un parent qui m'ont fait plus de mal que je ne le pense, la pression que je me mets et que je n'ose m'avouer, etc. Les images qui me viennent sont très souvent liées à quelque chose que j'essayais d'ignorer. Et comme je n'ose le formuler en parlant, c'est mon corps qui parle. Tout le principe est ici :

Je parle à mon corps parce que mon corps me parle.

Je peux me mentir, mais mon corps jamais. Je peux me faire croire que tout va bien, mais mon corps sait que ce n'est pas vrai. Le corps a toujours raison. Le corps est un langage.

Parfois, je comprends tout de suite, je mets le doigt dessus comme on dit. Parfois, je mets des jours à comprendre et parfois, je ne comprends pas. Et ce n'est pas grave. Il n'y a pas d'examens, pas de compétitions, pas de : « Oui mais si j'ai toujours mal, c'est parce que j'ai mal parlé à mon corps ? » Jamais. Je prends ce qui vient, si ça marche, tant mieux et si ça marche moins bien, tant pis. Je me dis toujours que si je ne fais rien, il se passera la même chose. Donc je ne perds rien et ne risque rien à tenter ce dialogue avec mon corps.
Au moins, j'aurai essayé.

Prendre en considération ce qu'il te dit est déjà un signe d'attention clair. En faisant ça, tu ne dénigres pas ton corps, tu ne dénigres pas la douleur et tu lui fais comprendre que tu l'écoutes du mieux que tu peux. « J'ai fait du mieux que j'ai pu », cette simple phrase m'enlève toute culpabilité éventuelle.

Autre chose, quand j'ai une décision à prendre, que je suis perdue et ne sais pas laquelle choisir, il m'arrive de « poser la question à mon corps » en citant les différentes options et d'observer ce que chacune me provoque corporellement : est-ce que l'un des choix possibles entraîne immédiatement des tensions ? Une respiration accélérée ? Un stress soudain ? Peut-être que ce choix n'est pas le plus approprié… Cette technique m'a aidée plus d'une fois.

Le corps est une machine extraordinaire. Lorsqu'il fonctionne parfaitement, tu ne fais même pas attention, tu oublies que tu respires, que tu marches, que tu digères. Tout ceci se fait sans que tu aies à le demander. Souvent, on prend conscience de notre corps uniquement quand quelque chose ne fonctionne pas correctement et nous fait mal. Ah ça, pour râler quand ça marche pas bien, y'a du monde mais pour remercier son corps le reste du temps, y'a plus personne ! Prends-le temps de le remercier pour tout le travail fascinant qu'il accomplit.

Ton corps est ton meilleur allié, je te souhaite de tout cœur d'être en paix avec lui.

Je termine ce chapitre par un point qui me semble important et qui va dans le sens de la paix, du respect de son corps et de l'amour de soi : une pratique physique régulière est fondamentale ! Celle qui te convient, mais aussi celle qui respecte ton corps. Trop souvent, quand on pense « sport », on pense « performance et esthétique » en négligeant complètement l'aspect « santé ». On a tous déjà entendu quelqu'un dire : « Je n'aime pas mon corps donc je vais faire du sport. » En réalité, c'est tout l'inverse qu'on devrait dire.

C'est parce que j'aime mon corps que je fais du sport.

En complément, une alimentation saine et équilibrée est indispensable.

Chacun fait ce qu'il veut, c'est juste un conseil. Par contre, si tu décides de faire du cyclisme en équipe, pensez à vous mettre en ligne et à serrer à droite sur les départementales sinon c'est chiant.

À mon sens, il n'est pas cohérent de pratiquer la pensée positive ou la méditation, bref d'apaiser son esprit, sans respecter son corps. Si tu prends soin de ton corps, il prendra soin de toi. Comme dit le vieil adage : « Qui veut voyager loin ménage sa monture. » Je traduis dans la langue de The Rock : « Fais pas de la merde ! »

De l'importance de pardonner

Sujet délicat tant il peut être compliqué pour certaines personnes. Pourtant, il est, avec l'amour de soi, la clé de la paix intérieure…

C'est quoi pardonner ?

C'est oublier le passé ? Certainement pas.

C'est cautionner le fait qu'on m'ait fait souffrir ? Non plus.

C'est faire en sorte de ne plus ressentir une éternelle colère qui coule jusque dans mes veines depuis des années et apprendre à vivre de manière plus apaisée en me débarrassant de cette colère qui me ronge ? Elle est longue cette phrase, mais c'est l'idée.

Pardonner, ce n'est pas tant un acte pour l'autre. Ce n'est pas faire en sorte que l'autre se sente bien, c'est faire en sorte que toi, tu ailles bien. Quand tu pardonnes, tu le fais avant tout pour toi.

Pardonner, c'est décider de mettre un pansement sur son cœur. Les cicatrices ne disparaîtront peut-être pas mais elles feront moins mal.

Pardonner, c'est se choisir. C'est réussir à se dire : « Je ne veux plus de cette colère qui m'empêche de vivre, je ne veux plus de cette tristesse qui me colle au sol. »

Pardonner, c'est s'aimer soi-même et se dire qu'on mérite d'être en paix.

La bonne nouvelle dans le pardon, c'est que tu n'as pas besoin d'être avec la personne en question pour pardonner, tu n'as même pas besoin de la voir. Il n'est pas question de réconciliation mais de pardon. Tu peux tout à fait pardonner à une personne décédée, à une personne que tu ne verras plus jamais de ta vie ou même à une personne que tu fréquentes sans pour autant lui dire en face. Le pardon peut rester intime. Il t'appartient.

Il est évident que des personnes liées à des faits et évènements ayant créé un véritable traumatisme seront bien plus difficiles à pardonner. Mais on peut toujours laisser une porte ouverte : « Oui, peut-être qu'un jour, je trouverai la force de pardonner, mais pas aujourd'hui. »

Il y a des personnes à qui je n'ai pas encore pardonné. Elles ne sont pas nombreuses mais elles sont là, encore, à me prendre de l'énergie à cause de cette colère toujours présente. Je pense parfois avoir pardonné mais des rêves éloquents dans lesquels je les écrase au sens propre du terme me montrent que non. Et lorsque je me réveille, je m'avoue que la rancœur est toujours là. Si j'arrive à leur pardonner, je leur ôte tout le pouvoir qu'elles ont encore sur moi. Ça viendra. Tôt ou tard. Ce ne sont pas des personnes qui ont une réelle importance. Non, les personnes qui ont une réelle importance pour moi et à qui il m'était indispensable de pardonner une fois adulte, ce sont mes parents.

La fois où j'ai pardonné

Je le disais en début de livre, j'ai grandi dans une famille « normale », avec des parents normaux. Et avant d'être mes parents, ils sont des personnes. Des personnes avec leur histoire, leur passé, leurs angoisses, leurs croyances. Leur vie a commencé accidentellement. Ils n'étaient pas prévus au planning. Ils n'étaient pas désirés. Ma mère m'a toujours dit qu'elle avait été accueillie à bras ouverts par ses parents et ses frère et sœur âgés alors de 18 et 20 ans. Mais du côté de mon père, l'accueil a été plus compliqué et il a grandi dans l'indifférence totale de ses parents. Il le dit lui-même.

Mon père dit de lui qu'il n'est « pas très bisou », quelque chose qu'entend et comprend parfaitement l'adulte que je suis devenue. Mais la petite fille que j'étais traduisait « je ne suis pas très bisou » par « je ne t'aime pas ». Inévitablement. Cette blessure de rejet, je l'ai ressentie aussi. Je l'ai vécue, mes frères également. Comment aurait-il pu en être autrement ?

Le rejet est quelque chose qui est souvent revenu dans la vie de mon père, notamment sur le plan professionnel. Ça a dû être extrêmement pénible de ressentir à chaque licenciement économique qu'il n'était à nouveau pas le bienvenu. Comme une blessure qui ne cesserait de se rouvrir. Et quand il rentrait à la maison avec la mauvaise nouvelle, il se fermait. Pas de cri, pas de tristesse, pas de colère. Fermé.

Afin d'éviter toute tension éventuelle, ma mère nous demandait à mes frères et moi de rester calmes à table, de ne pas être trop turbulents. Et moi, enfant, je ne comprenais pas pourquoi je n'avais soudain plus le droit d'être joyeuse. Je trouvais ça injuste. Inévitablement.

Durant mon adolescence, beaucoup de colère est ressortie. De la colère endormie sûrement. Un sentiment d'injustice aussi. Ma mère nous répète souvent qu'elle a eu de la chance qu'aucun de ses enfants n'ait eu de crise d'adolescence difficile. Elle entend par là qu'aucun de ses enfants ne se soit mis en danger, c'est vrai. Mais je sais que j'ai été virulente, remontée, difficile parfois. Je pense que je n'avais pas pu m'exprimer comme je l'aurais souhaité, que mes parents non plus ne s'exprimaient pas comme j'aurais souhaité qu'ils le fassent. Un manque de communication. Un manque d'expression de nos sentiments également. Un manque. Comme dans beaucoup de familles, personne n'exprime ouvertement ses sentiments d'amour pour l'autre mais personne n'exprime non plus son éventuelle tristesse ou colère. Et la fille de 15 ans que j'étais a géré son ressenti comme elle a pu. Des phrases blessantes sont sorties de ma bouche. Inévitablement. J'étais à ce moment incapable de prendre du recul et me demandais : « Qui sont mes parents en fait ? »

J'exigeais d'eux quelque chose qu'ils ne pouvaient pas me donner puisqu'ils ne savaient pas comment faire.

Tous les enfants reprochent des choses à leurs parents. C'est une étape obligatoire qui, j'imagine, aide à la réalisation de soi. On reproche ce que, petits, on ne comprend pas. Pour les comprendre, pour prendre du recul, il fallait que je grandisse. Il fallait que je replace les choses dans leur contexte.

Quand je pense à ce sentiment de rejet, je ne peux pas m'empêcher de penser à l'enfant que mon père était, cet enfant qui n'avait pas demandé à venir au monde mais qui était là et qui a grandi dans l'indifférence de mes grands-parents. Pas de cri, pas de tristesse, pas de colère. De l'indifférence. Mais pour un enfant, n'est-ce pas une des plus grandes violences ? On demandait à mon père d'être assis à table et de ne pas être turbulent. On ne lui parlait pas, on ne lui demandait pas de s'exprimer.

Un manque de communication. Un manque d'expression de leurs sentiments.
Un manque.

Quand j'imagine ce petit garçon, je suis incapable d'en vouloir à mon père de n'être « pas trop bisou ».

Finalement, pardonner à quelqu'un, c'est un peu pardonner à l'enfant qu'il a été.

Mais alors dois-je en vouloir à mes grands-parents ? À ces gens qui ont vécu deux guerres et qui n'ont jamais pris le temps de refermer leurs blessures ? À ce couple qui a eu un premier bébé « clandestinement » et qui, des années plus tard, accueillait un troisième enfant qu'ils ont malheureusement perdu ? À cette femme qui ne s'est jamais autorisée à faire son deuil et qui a vécu toute sa vie avec le poids de la culpabilité ?

À ces gens qui ont eu la surprise à plus de 40 ans d'avoir un dernier enfant imprévu ? Qu'ils ont accueilli comme ils ont pu avec leur histoire, leur passé, leurs angoisses, leurs croyances ? En pensant à eux, à leur vécu, à leur drame, je ne peux pas ressentir la moindre animosité. J'ai de la compassion. J'ai de la compassion pour ces gens qui ont fait ce qu'ils ont pu avec leur sac à dos de vie. Comme j'ai de la compassion pour mon père qui a fait ce qu'il a pu avec son propre sac à dos. Comme j'ai de la compassion pour ma mère qui a toujours cherché à faire le bien et qui culpabilise encore de ne pas en faire assez. Enfant, on reproche à ses parents les mauvais moments vécus… en oubliant les meilleurs. C'est en grandissant qu'on réalise tout ce qu'il y avait de beau, qu'on se remémore les dimanches après-midi à la mer ou dans les bois, les histoires dans le bain, les chansons inventées, les câlins après les cauchemars, les films regardés ensemble, les fous rires à propos de rien, les Noël décorés, les longs trajets en voiture, les vacances en famille, la douceur des soirs d'été dans le jardin… On oublie aussi qu'on leur a pris certains traits de caractère qui nous servent bien : ma persévérance et ma ténacité, je la dois indéniablement à mon père, ma capacité d'écoute et d'aide envers les autres, je la dois sans nul doute à ma mère.

Mes parents ont fait du mieux qu'ils ont pu.
Du mieux qu'ils ont pu.

Leur mieux à eux. Et je fais, en tant que mère, du mieux que je peux, mon mieux à moi. J'aurai beau faire de mon mieux, je serai aussi un jour confrontée à l'étape des reproches. Nous sommes, ma génération et moi, chanceux d'avoir accès au développement personnel et à la psychologie. Quand j'étais petite, personne n'allait voir un thérapeute ou un psy pour se débarrasser d'un vague à l'âme qui fait mal au corps. Cela ne nous serait même pas venu à l'esprit. Les gens souffraient sans en parler. Ils faisaient avec. Moi, j'ai la chance d'y avoir accès, j'ai la chance de pouvoir chercher à comprendre. Et cette chance, je la mets au service du pardon.

Mais s'il y a bien une personne à qui je dois réussir à pardonner, plus que quiconque, c'est moi-même.

La fois où je me suis pardonnée

Je fais partie des personnes qui ont longtemps été injustes envers elles-mêmes. J'ai souvent entendu : « Maud, tu es trop dure avec toi. » Je m'en voulais de me retrouver dans des situations qui m'ont fait du mal, d'avoir laissé des personnes me mettre à terre et ce, plusieurs fois. Je m'en voulais d'avoir laissé des personnes me voler des idées, me cracher dessus sans avoir su réagir. Je m'en voulais d'avoir reproduit certaines erreurs, je m'en voulais d'avoir perdu du temps et de m'être laissé voler mon temps. Je m'en voulais de ne pas avoir réussi à m'imposer et de m'être fait bouffer par certaines situations. Je m'en voulais d'avoir dit stop trop tard. Pour couronner le tout, je m'en voulais de m'en vouloir.

C'est la conversation avec ma psy (« Qu'est-ce que vous pensez de plus négatif à propos de vous ? ») qui m'a fait comprendre à quel point je manquais de compassion envers moi. Dès lors, j'ai décidé d'apprendre à m'aimer. Apprendre à m'aimer, ça voulait dire apprendre à aimer chaque partie de moi. Ça voulait dire apprendre à pardonner à toutes les Maud que j'avais été. Parce qu'elles n'avaient pas les armes.

Maud, tu n'avais pas les armes. Tu n'avais pas les armes pour te défendre contre ces élèves qui t'écrasaient les pieds et partaient en riant. Tu n'avais pas les armes pour éteindre les moqueries des enfants. Tu n'avais pas les armes pour répondre à cette fille qui t'a volé un garçon et a causé ton premier chagrin d'amour. Tu n'avais pas les armes pour te séparer de cette « amie » qui t'a trahie à maintes reprises. Tu n'avais pas les armes pour quitter définitivement ce garçon toxique et destructeur qui t'a tant fait souffrir et a réduit ta confiance à néant. Tu n'avais pas les armes pour couper les chaînes des boulets qui s'accrochaient à tes pattes et volaient ton temps. Tu n'avais pas les armes pour dire stop à ces gens qui ont exploité tes talents pendant des années. Tu n'avais pas les armes pour t'imposer et taper du poing sur la table. Tu n'avais pas la force de dire « maintenant, c'est terminé », tu n'avais pas l'amour pour toi. Toi, Maud, 4 ans, 8 ans, 12 ans, 15 ans, 20 ou 25 ans, tu n'avais pas fait tout ce chemin. Toi aussi, tu as fait du mieux que tu as pu avec ton sac à dos de vie, avec ce que tu étais à ce moment-là, avec le manque d'estime que tu avais pour toi, avec le possible état de fatigue que tu ressentais… J'aimerais tellement dire aux petites Maud que tout va bien. Que ça s'appelle apprendre, grandir et qu'il n'y a rien à se reprocher. Tout va bien, Maud, tout va bien. Tu apprendras à être indulgente, tu apprendras à t'aimer, tu apprendras à t'imposer et tu apprendras à te relever. Et surtout, tu apprendras à te pardonner. Tu es sur le bon chemin, celui qui te mènera jusqu'à toi.

« Ne pas pardonner et se nourrir de rancœur, c'est comme te nourrir d'un poison et espérer que ce soit l'autre qui en meurt. »

Auteur inconnu,

mais c'est joli.

« Aziz dans jardin »

La connaissance mène à la compréhension. La compréhension mène à la compassion. La compassion mène au pardon.

La fois où j'ai eu envie de faire pipi

Titre intrigant n'est-ce pas ?

Je me souviens d'une nuit où, âgé d'environ 7 ans, je suis pris dans mon sommeil d'une envie pressante de faire pipi. Je décide de me lever à moitié endormi et je descends l'escalier en bois de la maison de chez mes parents pour me rendre aux toilettes.

Arrivé en bas, j'entends des bruits de pleurs venant de la cuisine. Je vois à travers l'entrebâillure de la porte qu'il y a de la lumière. Je décide dans mon demi-sommeil d'entrer et je découvre mes parents assis là, ma mère a sa main autour du cou de mon père. Celui-ci est en train de pleurer à chaudes larmes et ne se rend même pas compte que je suis là.

Je demande à ma mère si tout va bien. Elle me répond discrètement de ne pas m'inquiéter et de retourner dormir. Je ne cherche pas à comprendre. Je vais aux toilettes et remonte me coucher.

Pendant longtemps, je me suis demandé si ce souvenir étrange de mon père en pleurs n'était pas en réalité un rêve. Lui qui affichait souvent un visage assez dur et qui dégageait dans mes yeux beaucoup de confiance en lui. Je n'ai jamais pensé à en reparler à ma mère.

La fois où mon cousin d'Iran m'a rendu visite

Près de vingt ans plus tard, mon cousin Babak, de quinze ans mon aîné, nous rend visite d'Iran avec sa femme. Ce n'était pas la première fois que je le revoyais mais je dirais que l'étendue de nos conversations ne dépassait pas le stade du « bonjour, ça va » et de quelques blagues. Aucun échange réel sur nos vies personnelles et encore moins sur nos ressentis et nos expériences. Bref, très iranien comme façon de communiquer. En surface, à base de banalités consensuelles. On ne parle jamais de ses émotions, du moins à l'époque.

Et puis, lors de cette visite, notre niveau d'échange a évolué. J'habitais alors Paris. J'étais en couple avec Maud et je faisais du théâtre depuis moins d'un an. Chaque fois que je revenais à Reims, je passais voir mon père à son magasin et c'était toujours le même refrain : on buvait un café, on échangeait des futilités. Quelques blagues. Quelques traits d'esprit. Il me redemandait pourquoi je faisais du théâtre. Je retombais dans la justification. Il enchaînait en me disant que je devrais arrêter de perdre mon temps et de monter un business dans l'auto-école ou autre idée lucrative selon lui. Bref, il n'entendait pas ce que j'étais en train de lui exprimer comme envie personnelle. Je ne me sentais pas bien, ça me renvoyait à l'époque des « petits concerts dans les cafés » et de son regard inquisiteur accompagné de l'éternel pamphlet : « Laisse tomber, t'as pas l'étoffe d'un musicien et t'arriveras jamais à rien dans la vie. » Je sentais la colère contenue monter. Je finissais par lancer une phrase du style : « De toute façon, je ne vais pas essayer de t'expliquer, ça serait stérile comme conversation. » Il entendait : « T'es trop bête pour comprendre. » Il montait dans les tours. Je quittais le magasin. Mal.

Évidemment, quand Maud était là, on n'abordait rien de personnel et on s'en tenait toujours à des échanges de surface. À l'iranienne. Surtout rien d'engageant. On se voit, on déjeune et chacun retourne à sa vie. Jusqu'à la prochaine fois.

Je reviens donc à cette fois avec mon cousin Babak. Je lui parle de mon père et je me livre sur les épisodes un peu douloureux du passé. Bien entendu, mes propos sont emplis de rancœur. Et là, il me dit quelque chose qui m'a fait tilter. Il me parle de l'époque où mon père habitait en Iran avant la révolution, avant ma naissance : « Ton père, il était fort, persuasif, drôle, optimiste, aimé des autres. Il aidait les personnes dans le besoin et s'occupait de sa famille. Quand je suis venu vous rendre visite en France après la révolution, je ne l'ai pas reconnu. Il avait changé. On aurait dit quelqu'un de dépressif. Comme si toute la volonté, la force et la motivation du passé avaient quitté son corps et son esprit en l'espace de quelques années à peine. »

J'ai immédiatement repensé à ce souvenir dans la cuisine, enfant, où j'ai vu mon père pleurer. Et là, j'ai compris. J'ai compris que mon père avait probablement fait une dépression pendant plusieurs années. Une dépression qu'il n'avait pas soignée. Parce qu'il ne l'avait ni accueillie ni acceptée. Il n'avait toujours pas digéré de devoir fuir son pays et de tout laisser là-bas. Dans cet exode forcé, il avait perdu une partie de son identité. Impuissant face à son mal-être, il s'était petit à petit renfermé sur lui-même. Son visage s'était endurci. Il s'était empli de rancœur. Un instant, j'ai imaginé que ma décision d'entreprendre une carrière artistique avait dû le mettre en colère. Une colère qui ne m'était pas réellement destinée. Une colère qui lui était destinée. Une colère face à la vie qui lui rappelait comment il avait dû rationaliser le fait d'avoir fui son pays, pour que ses enfants aient un avenir, un vrai. Que le mot « artiste » l'avait renvoyé à ses croyances d'un non-avenir mais avait probablement aussi réveillé des vieux traumas de l'enfance. L'époque où il développait sa fibre artistique dans la musique ou l'art et où il a dû être rembarré lui aussi par des adultes référents eux-mêmes prisonniers de leurs conditionnements. Ça aussi, Babak m'en a parlé. Il tenait ça de sa mère, la sœur de mon père. Il était plus au courant que moi de l'histoire de la famille et de celle de mon père qui adorait maintenir un certain mystère autour de sa vie quand je lui posais des questions. Ça, il faut lui accorder, il avait le sens du teasing. Je connais par cœur tous ses récits. Tous les teasers de sa vie. Je dois dire qu'il était assez fascinant quand il racontait des histoires. Il avait l'art de capter l'attention.

C'était un homme très charismatique.

La fois où j'ai commencé à faire la paix avec ma colère

Quelques mois passèrent. Une nuit, j'ai fait un rêve étrange.

J'étais place des Vosges à Paris. J'étais à l'abri sous les passages et il pleuvait des cordes. Soudain, j'ai vu passer mon père jeune. Il devait avoir dans les 25 ans. Il était habillé comme dans les années 1970 en référence aux nombreuses photos que j'ai pu voir de cette période. Probablement sa période étudiante « Boney M ». Il portait dans chaque main un lourd sac de courses. Il avançait doucement. Il devait rentrer chez lui, sous la pluie, à peine vêtu d'un pardessus trempé. Il était triste. Le regard bas. Il se dégageait un profond sentiment de solitude. Ça m'a fait un pincement au cœur. Mon père n'a pas eu de père. Et à ce moment, j'ai senti la puissance de la solitude, la vraie. Celle d'un jeune homme perdu, sans repère qui avançait dans la vie comme il pouvait, portant le lourd fardeau de son passé et qui avait dû tirer ses propres leçons. Seul. Je me suis réveillé en pleurs.

Les jours qui suivirent, je repensais à ce rêve. Plus j'y repensais, plus une idée commençait à éclore dans ma tête : peut-être m'étais-je trompé à son sujet ? Trop aveuglé par la colère et la rancœur, je n'avais jamais pris un instant pour envisager son point de vue. Je n'avais jamais réellement fait preuve d'empathie à son égard.

Près d'un an a passé et à en croire les messages de mon frère, je ne donnais plus de nouvelles à mes parents. De temps en temps, j'avais un message vocal de mon père : « Salam Monsieur Keyvan. J'espère que Paris is nice (en anglais avec un fort accent persan). Yé zangi bé ma bezam. Yek ahvali béporsse. » (Je traduis : tu pourrais nous appeler de temps en temps et demander comment ça va, ça ferait plaisir)

Un jour, j'ai reçu un mail de mon père avec une photo de lui souriant dans son jardin, intitulée « Aziz dans jardin ». Cette photo que j'ai encore dans mon téléphone portable aujourd'hui m'a percuté en plein cœur. Son sourire m'a si profondément touché que je me suis mis à sourire. J'ai commencé à me remémorer les bons moments avec lui. Comme la fois où, à l'âge de 8 ans, je faisais du basket en club et qu'un samedi après mon entraînement, il avait attaché, avec deux ficelles dans notre jardin, un panier en osier dont il avait percé le fond pour que je puisse m'entraîner et progresser. La fois encore où à l'âge de 16 ans, il m'avait emmené à Chicago car c'était mon rêve et que je vénérais le basket-ball américain, grand fan de Michael Jordan et des Chicago Bulls. Lors de ce voyage, on est allés aussi au Canada et j'ai pu assister au match de l'équipe américaine de basket lors des championnats du monde. Ce voyage a changé beaucoup de mes perspectives, car je me suis rendu compte que ce rêve d'enfant de devenir basketteur professionnel n'était plus d'actualité. Dès mon retour, je me suis mis à la musique. Je me suis rappelé aussi la fois où essuyant un chagrin d'amour, il m'avait pris dans ses bras dans le jardin pour me rassurer. Les nombreuses fois où il m'a parlé de profiter de l'instant présent, de prendre le temps de regarder la nature qui change au fil des saisons. Ses nombreuses leçons sur « la vie » : « Dans chaque système, Keyvan, il y a une faille. Cherche-la. » « L'argent, Keyvan, il est de l'autre côté du mur de la peur. » Oui, il était très obsédé par l'argent. #Daroniranien.

Plusieurs années plus tard, j'ai eu la chance de rencontrer un spécialiste de la gestion de conflit et il m'a dit qu'une des principales difficultés pour tenter de faire communiquer deux personnes très ancrées sur leurs positions, c'est de les ramener à se reconnecter à la partie émotionnelle de leur relation. Le pourquoi ils ont commencé à se fréquenter et à vouloir entreprendre quelque chose ensemble. Cette photo a eu cet effet sur moi. Elle m'a reconnecté à mon père sur un aspect fondamental de toute relation : l'amour.

Quelques mois plus tard, je suis retourné au magasin. J'avais eu la chance de jouer dans la série à succès Bref, créée par mon frère Kyan et Navo. À notre habitude, on boit un café, on parle de tout et de rien. Il me demande si « Paris is nice » et ce que je fais dans la vie. Je lui parle avec confiance des castings que je passe, des opportunités qui se présentent à moi. Et là, contre toute attente, alors que nous regardions dans la même direction à travers la vitrine de son magasin, il me dit : « Imagine, ça marche. » Touché. Coulé.

C'est la première fois en plus de dix ans qu'il avait eu des propos qui approuvaient mes choix artistiques. Ma première réaction a été de me dire intérieurement : « C'est trop tard mec. C'est avant qu'il fallait me dire ça. Aujourd'hui, je n'ai plus besoin de tes encouragements. » Bref, j'ai été con. J'ai laissé mon ego prendre le contrôle en mode vengeance là où j'aurais dû laisser mon cœur s'exprimer. Je n'ai pas su lire entre les lignes. Mon père essayait de faire la paix avec moi.

Un an plus tard, il mourait d'un terrible cancer.

Quand tu sens que quelqu'un de proche va mourir, ça remet beaucoup de choses en perspective.

Il avait fait plusieurs crises assez graves mais je me rappelle parfaitement la dernière fois où j'ai pu lui parler avant qu'il ne plonge définitivement dans un profond coma.

La dernière fois que j'ai parlé à mon père

Il était allongé dans son lit, les yeux fermés, dans un demi-coma. Il réagissait encore aux signes extérieurs. À un moment, j'ai senti qu'il fallait lui parler. Comme dans un film, la chambre s'est instantanément vidée. Je lui ai pris la main. Je lui ai dit que je le remerciais pour tout, les bonnes choses comme les moins bonnes. Qu'en dépit des conflits que nous avions pu avoir lui et moi, je ne lui en voulais plus. Que c'était grâce à lui que j'étais devenu l'homme que je suis aujourd'hui et que je l'aimerais toujours. J'ai remarqué un léger sourire sur son visage. Il a eu une longue expiration de soulagement. Je sais que mes mots l'ont atteint et touché en dépit de son état de conscience. Je l'ai embrassé et je suis sorti le cœur léger. Deux jours plus tard, il décédait à l'âge de 68 ans.

Quelques mois plus tard, je suis retombé sur de vieilles photos de mes parents. Des photos de leurs enfances respectives. Des photos de leur rencontre en Allemagne, des soirées étudiantes heureuses et insouciantes. De la vie en Iran avant ma naissance, avant la révolution. Des photos de moi bébé en Iran, de la naissance de mon frère, de nos rares vacances en famille… Une douce nostalgie s'est emparée de moi. J'avais pourtant déjà vu ses photos par le passé mais c'était comme si je les redécouvrais cette fois d'un œil nouveau. J'étais parfaitement présent à ce qui se déroulait sous mes yeux. Serein. C'est dans ce moment d'abandon total et de lâcher-prise que j'ai commencé à comprendre qu'au-delà d'être un père ou une mère, mes parents étaient, avant tout, un homme et une femme. Un homme et une femme qui ont porté et portent encore en eux les marques, voire les cicatrices de leur histoire respective… Quand l'heure est venue pour eux d'être des parents et d'être responsables du développement d'autres êtres humains, je pense qu'ils ont fait comme ils ont pu. Ils ont dû prendre des décisions avec leurs ressources psychologiques du moment, avec leurs propres peurs, avec leurs maladresses, et ils ont commis des erreurs. En fait, ils étaient eux-mêmes le fruit de leur propre conditionnement et, dirigés par leurs ego en souffrance, ils n'ont pas su faire, par moments, la part des choses.

Mais bon, qui suis-je pour les juger moi aujourd'hui ?

Mine de rien, comparé à mon père, moi j'ai eu un père. Certes original dans son style mais présent. Je n'ai pas eu à grandir sans rien savoir, à fuir mon pays à cause d'une révolution qui m'a contraint à remettre en question toutes mes perspectives de vie, à renoncer à mes rêves. Je n'ai pas eu à affronter le fait d'être considéré comme un étranger, à ne pas pouvoir comprendre ou me faire comprendre, à redevenir personne alors que j'étais quelqu'un.

Quand j'y pense, je me dis que si j'avais vécu les mêmes choses que lui, je n'aurais pas été habité par un profond sentiment d'injustice, je n'aurais pas fait de dépression et je n'aurais pas cherché des responsables à mon malheur en faisant payer le prix de mon sacrifice de vie à mes enfants. Mais je vais te confier une chose... Ça, aujourd'hui, je n'en suis même pas sûr.

Merci pour tout « baba ».

Je t'aime là où tu es.

« Aziz dans jardin »

« Le vrai pardon, c'est quand vous pouvez dire merci pour cette expérience. »

Oprah Winfrey,

une animatrice d'une toute petite émission très peu connue.

Lundi 4 juillet, Paris

Mon Milo, mon fils, mon amour, mon soleil, mon bonheur, mon trésor, ma joie,

À l'heure où je t'écris, tu viens d'avoir 3 ans. On t'explique tous les jours en t'amenant à la crèche que papa et maman écrivent un livre. « Un livre pour moi ? » demandes-tu. Tu entends par là un livre pour enfants. Tu ne nous liras probablement pas avant quelques années, mais quelque part, oui, c'est un livre pour toi.

Parfois, avec ton papa, on regrette de ne pas avoir eu des enfants plus tôt. On imagine que les gens qui ont eu un enfant à 25 ans en profiteront plus longtemps. Et ça nous chagrine un instant. Mais tu sais ce qui nous redonne la joie ? C'est de savoir que le chemin qu'on a parcouru avant de t'avoir nous permet de te donner les meilleurs outils pour affronter la vie. Je n'aime pas le mot « affronter ». Pour vivre. Pour avoir la meilleure des vies.

Je me suis toujours dit que le jour où j'aurais des enfants, je leur dirais qu'ils sont les meilleurs et qu'il n'y a rien au-dessus d'eux. D'ailleurs, je te le répète tous les jours depuis que tu es né : « T'es le meilleur des petits garçons, il n'y a rien au-dessus de toi. » Tu sais, j'ai compris récemment qu'en fait, j'avais tort. Que j'avais décidé ça pour ne jamais te transmettre mes blessures. Mais en te mettant sur un piédestal, je risque de faire de toi une personne qui se sent supérieure aux autres. Et les gens qui se pensent supérieurs sont souvent rejetés aussi. En cherchant à aller à l'opposé de ma blessure, je risquais de la ramener un peu à toi.

Alors je vais simplement faire de mon mieux. Je vais faire de mon mieux pour que tu te sentes aimé inconditionnellement, pour que tu apprennes à t'aimer entièrement, que tu apprennes à être indulgent envers toi, que tu acceptes tout ce qui te traverse sans jamais te dénigrer, pour que tu gardes toujours foi en toi, pour que le regard des autres t'importe peu.

Je ferai de mon mieux pour que tu apprennes de tes échecs, pour que tu ne laisses pas tes peurs gagner et que tu réalises que l'inconnu n'est pas une menace mais une grande aventure à embrasser. Et puis je ferai de mon mieux pour t'apprendre la compassion envers les autres. Pas à être au-dessus des autres, juste être quelqu'un. Mais quelqu'un avec un sac à dos léger et qui a toutes les cartes pour avancer sereinement.

Toi, mon Milo, tu ne sais même pas à quel point tu nous apprends tellement chaque jour. Tu nous rappelles ce qu'est l'amour de soi quand on est enfant et qu'on ne se juge pas, qu'on accepte tout de nous, toutes nos émotions. Tu nous rappelles de ne pas s'excuser d'être heureux et de rire très fort.

Tu nous rappelles l'importance d'être là, de profiter du moment. Lorsque parfois avec ton papa, on affabule des scénarios futurs, tu es toujours là pour nous dire : « Ouuaaah, il est beau le ciel ! » Et c'est vrai qu'il est beau le ciel. Tu nous rattrapes quand on s'échappe trop loin et tu nous rappelles que le bonheur, c'est maintenant.

Comme j'aimerais te construire une armure à chagrin d'amour, une barrière de sécurité aux moqueries, j'aimerais que tu n'aies jamais mal et jamais peur de rien. Mais je sais qu'il va falloir que je te lâche la main un jour et que je te fasse confiance. Je sais qu'il va falloir que tu tombes pour mieux te relever. Pour que tu apprennes par toi-même. Et quand ça arrivera, je serai là pour te tendre la main. Tu la prendras si tu en as envie ou bien tu me diras : « Ça va, maman, je vais me relever tout seul. » Je serai là pour un câlin ou de loin.

Il n'y a pas si longtemps, tu disais encore un « kikwi », un « kolala », un « pantapon » ou un « champichon ». Et puis les jours filent et ton langage qui s'améliore de jour en jour est la trace du temps qui passe. On m'avait prévenue. On m'avait dit que le temps passe vite. Mais je me remercie d'avoir fait tout ce chemin vers moi pour me souvenir que le temps passe vite, c'est vrai, mais que c'est à nous de faire en sorte qu'il passe bien. C'est à nous d'être là, entièrement là à chaque moment qui ne reviendra pas. C'est à nous d'en profiter. S'il te plaît, dis encore un peu : « Allez, je vais s'habiller moi ! », je ne suis pas encore prête à t'entendre conjuguer les verbes.

Je te souhaite de garder cette joie, cette absence de jugement, cette acceptation totale de toi, cet amour inconditionnel. Je te souhaite de trouver toujours cette paix en toi. Je te souhaite de réussir à voir la lumière même dans les jours plus sombres. Et si tu en as besoin, je viendrai t'éclairer. Je te montrerai que derrière la nuit, il y a toujours le jour.

Je t'aime au-delà des mots.

Maman

P.-S. : juste, pense à ranger tes Lego qui traînent, surtout quand je suis pieds nus.

À cette magnifique lettre que vient d'écrire ta maman, j'ajoute ces quelques mots. Marcher sur un Lego, ça fait mal. Selon une étude, il faudrait une force de 4,236 newtons pour casser une petite brique. Or, un Lego résiste beaucoup plus à la pression que nous, les êtres humains. Sans parler du fait que le pied est l'une des parties les plus sensibles du corps. Alors oui, marcher pieds nus sur un Lego qui traîne me donne envie de t'offrir uniquement des balles en mousse. Pourtant, après avoir marché dessus, je ne peux m'empêcher de me dire qu'un jour, toutes ces petites pièces auront disparu. Elles auront été remplacées, car tu seras passé à autre chose. Tu auras grandi.

Alors même s'ils me font pester sur l'instant, je les aime tes Lego qui traînent, ils sont le reflet de ce réel qui est le nôtre. Pas hier. Pas demain. Mais aujourd'hui. Ici et maintenant.

Ton papa qui t'aime de tout son cœur.

Sommaire

Préface 7

Pourquoi un livre ? 9

De l'importance de rajouter une touche d'humour 11

Ce premier pas vers moi 13

Un père pas comme les autres 15

Que se passe-t-il dans ton cerveau ? 20

C'est quoi « l'ego » ? 24

C'est quoi un schéma ? 30

Amusons-nous à... Identifier les schémas 37

Amusons-nous à... Identifier les boucles de pensées négatives 39

La pensée positive 43

Amusons-nous à... Pratiquer la pensée positive 46

C'est quoi l'effet Pygmalion ? 50

Ma peur de manquer 52

Un point sur la respiration 60

Les émotions « négatives » 62

Responsabilité *vs* culpabilité 81

La peur du regard de l'autre ou comment réussir à s'en détacher 92

La notion de « normes » dans un groupe 98

Estime de soi *vs* confiance en soi 106

De l'importance d'être indulgent envers soi 118

La visualisation positive 121

Le fabuleux destin de Marie-Jo 126

L'éveil 128

Un point sur la méditation 133

Un mot sur la gratitude 137

Parler à son corps, quézako ? 141

De l'importance de pardonner 147

« Aziz dans jardin » 153

Lettre à Milo 160

Un immense merci d'être arrivé jusqu'au bout de notre livre. S'il existe, c'est grâce à toi !

Euh… C'est aussi un peu grâce à nous, non ? Rapport au fait qu'on a réfléchi, qu'on a pris du temps, qu'on a tapé des trucs sur un ordi, tout ça quoi…

C'est pas faux. Bon, ok, s'il existe maintenant.qu'on.a.fini.de.l'écrire, c'est grâce à toi.

La première vie de ce livre, c'est celle qu'on lui a donné. Sa deuxième vie, c'est celle que tu lui donnes à présent.

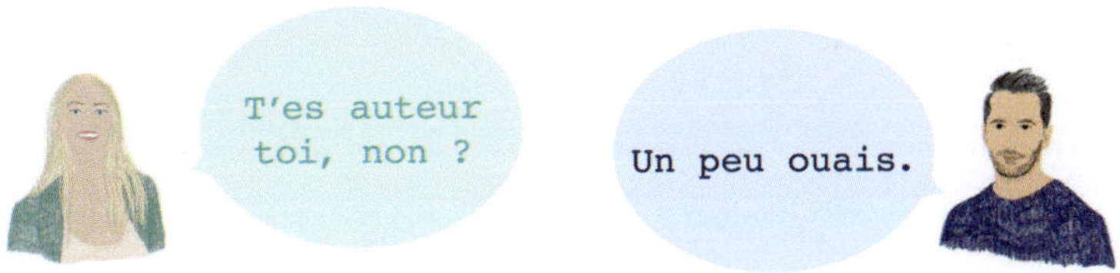

Dans les pages qui suivent, tu verras, comme promis, des espaces libres pour écrire. Tu peux les utiliser pour répondre aux questions posées tout au long du livre. Tu peux aussi écrire tout ce qui te passe par la tête et qui peut te faire du bien. Tu peux aussi l'utiliser pour faire ta liste de courses.

Ou même les trois ! Bref, ces pages libres t'appartiennent, tu en fais ce que tu veux. Cordialement.

On va pas finir le livre sur « cordialement » !

« Prenez soin de vous » ?

C'est vu et revu.

« Spirituellement vôtre » ?

Et là, c'est carrément ringard.

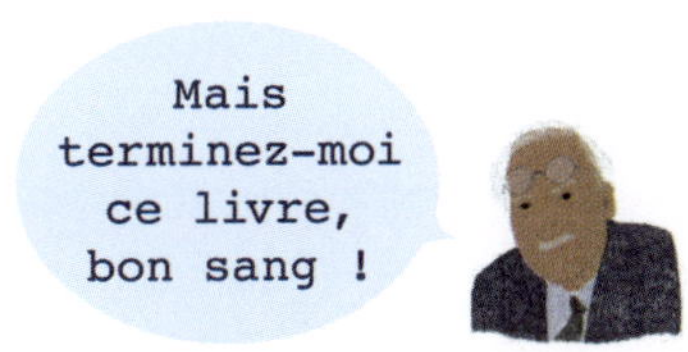

Notes

Notes

Notes

Notes

Notes

Notes